新形势下高新技术成果转化研究

王晓梅 刘永涛 荣丽卿 著

北京工业大学出版社

图书在版编目（CIP）数据

新形势下高新技术成果转化研究 / 王晓梅，刘永涛，荣丽卿著. — 北京：北京工业大学出版社，2022.1
ISBN 978-7-5639-8267-7

Ⅰ. ①新… Ⅱ. ①王… ②刘… ③荣… Ⅲ. ①科技成果－成果转化－研究－中国 Ⅳ. ①F124.3

中国版本图书馆CIP数据核字（2022）第027612号

新形势下高新技术成果转化研究
XINXINGSHI XIA GAOXIN JISHU CHENGGUO ZHUANHUA YANJIU

著　　者：	王晓梅　刘永涛　荣丽卿
责任编辑：	张　娇
封面设计：	知更壹点
出版发行：	北京工业大学出版社
	（北京市朝阳区平乐园100号　邮编：100124）
	010-67391722（传真）　　bgdcbs@sina.com
经销单位：	全国各地新华书店
承印单位：	唐山市铭诚印刷有限公司
开　　本：	710毫米×1000毫米　1/16
印　　张：	7.25
字　　数：	145千字
版　　次：	2023年4月第1版
印　　次：	2023年4月第1次印刷
标准书号：	ISBN 978-7-5639-8267-7
定　　价：	32.00元

版权所有　　翻印必究

（如发现印装质量问题，请寄本社发行部调换 010-67391106）

作者简介

王晓梅，获河北师范大学硕士学位。主要从事知识产权管理、军用功能材料方面的研究。截至目前共发表相关论文30余篇。

刘永涛，副教授，先后发表论文20余篇。

荣丽卿，副教授，研究方向为管理理论与实践。

前 言

随着知识经济的迅速发展，新兴科学技术在现代社会中的作用日趋明显。生物技术、信息技术、微电子技术等新兴科学技术的发展最具代表性，为各国的经济发展带来新的增长点。当前，科技成果的转化水平日益成为一个地区乃至一个国家科技发展水平的重要体现。

广大科技工作者面临着高新技术成果如何实现快速转化的问题。目前我国技术成果转化成功率较低，从深层次上把握科学技术研究成果向现实生产力转化的规律和特点，在此基础上将该规律应用于现实的技术商业化过程中，从而促进大量科学技术成果及时有效地投入市场实现其商业价值，是进一步研究新形势下高新技术成果转化问题的重要意义所在。

现阶段，随着科学技术的快速发展，新技术层出不穷，给经济、行业结构和社会带来的影响也越来越大。因此，本书通过对高新技术的含义和特点、技术转化的含义和特点、高新技术成果转化等相关理论进行梳理，总结出影响高新技术成果转化的重要因素。在此基础上，通过实证分析总结出我国高新技术成果商业化的现状，进一步研究了新形势下高新技术成果转化过程中存在的问题，并提出了解决问题的建议和办法。本书可为相关领域的管理部门、研究及实践工作者提供参考，具有一定的借鉴意义。

为了保证内容的丰富性与研究的多样性，笔者在撰写本书的过程中参考了大量的相关文献，在此谨向相关文献的作者表示衷心的感谢。由于笔者水平有限，书中难免存在不足之处，恳请广大读者批评指正。

目 录

第一章 新形势下高新技术内涵 ... 1
- 第一节 当前国内国际形势 ... 1
- 第二节 高新技术的定义 ... 2
- 第三节 高新技术的发展历程 ... 3
- 第四节 高新技术的应用范围 ... 4
- 第五节 高新技术的分类 ... 5

第二章 高新技术的主要特征 ... 44

第三章 高新技术成果转化 ... 48
- 第一节 高新技术成果转化进展 ... 48
- 第二节 我国科技成果转化的现状 ... 50
- 第三节 高新技术成果转化模式及内涵 ... 50
- 第四节 高新技术成果转化的特点 ... 57
- 第五节 促进高新技术成果转化的方法 ... 57

第四章 高新技术成果转化评价 ... 60
- 第一节 成果转化评价内容的研究 ... 60
- 第二节 成果转化评价方法的研究 ... 62
- 第三节 转化能力的技术指标 ... 63
- 第四节 成果转化能力的市场指标 ... 66
- 第五节 成果转化能力的商业指标 ... 68
- 第六节 成果转化能力的管理指标 ... 69

第七节　高新技术成果转化评价指标 …………………………… 71

第五章　高新技术成果转化政策机制 …………………………………… 73
　　第一节　高新技术创新实践与政策保障 ………………………… 73
　　第二节　科研成果转化的激励政策 ……………………………… 75
　　第三节　科技成果转化机制 ……………………………………… 76

第六章　高新技术成果转化实例分析 …………………………………… 78
　　第一节　A区域科技成果转化分析 ……………………………… 78
　　第二节　B区域科技成果转化分析 ……………………………… 79
　　第三节　C区域科技成果转化分析 ……………………………… 81

第七章　高新技术产业发展存在的问题 ………………………………… 83
　　第一节　高新技术产业发展存在的问题简述 …………………… 83
　　第二节　科技成果转化大环境问题 ……………………………… 85
　　第三节　科研机构和高校科技成果转化面临的问题 …………… 88

第八章　提升高新技术转化的对策建议 ………………………………… 91
　　第一节　尽快完善配套支持政策 ………………………………… 91
　　第二节　加大政府补贴，鼓励社会资金引入 …………………… 93
　　第三节　优化外在环境 …………………………………………… 95
　　第四节　完善落实国家科技成果转化策略 ……………………… 97
　　第五节　提高科研机构和高校科技成果转化能力的对策 ……… 100

参考文献 …………………………………………………………………… 104

第一章 新形势下高新技术内涵

当前我国的经济环境正面临着与以往不同的新形势。劳动力成本不断上升，资源环境不断恶化，资本报酬不断递减，原有的高投资驱动高增长的效率正在不断降低。经济发展传统的要素驱动转向创新驱动。党的十八大以来，我国提出的创新驱动发展战略，着重提出要同时提升科研水平和成果转化能力，占领科技发展战略制高点；国家进入全面深化改革时期，劳动、知识、技术、管理、资本竞相迸发活力，科技成果开始资本化、产业化。

第一节 当前国内国际形势

改革开放以来，我国综合国力不断增强。同时，中国的科技实力不断增强，高新技术产业迅速崛起。截至2021年5月，我国5G标准必要专利声明数量占比超过38%。除此之外，我国量子通信、高铁、射电望远镜"天眼"、超级计算机等技术在世界范围内都是有绝对话语权的。

2015年，随着《中华人民共和国促进科技成果转化法》的修订，我国科技成果转化进入新阶段，成为把握新科技革命与产业变革重大机遇、加快迈向创新型国家和世界科技强国的战略抓手。如今，科技创新要面向产业需求、面向国家重大战略需求，已经成为全社会的共识。从高校、科研院所到企业，各方都采用了各种各样的产学研合作模式来推进科技成果向产业流动。但由于外部环境和内在推动力等因素，高新技术产业的发展与我国总体经济之间逐渐出现了不相匹配的问题。同时科技成果转化也面临着一些新的问题和挑战。

一方面，世界经济即将步入复苏阶段，全球贸易格局复杂，在外部经济环境不友好的情况下，我国的高新技术产业受到了直接影响，高新技术产品的进出口相比于之前更加困难。中国高新技术产品的进出口数量自2018年5月开始缓慢下降，并在2018年9月至2019年1月期间出现急剧下降。

另一方面，自主创新能力不足是制约我国高新技术产业发展的最主要因素。创新能力不足导致我国高新技术产业缺乏竞争力，多数企业的核心技术并没有掌握在自己手中。

"十四五"时期，我国进入新发展阶段，经济社会发展内外部环境将发生深刻复杂变化，改革发展也面临新的任务。作为国民经济的重要组成部分，高技术产业是维护国家安全、增强国家国际竞争力的重要力量。大力促进高新技术产业发展将有助于我们更好适应内外部发展环境的变化，积极形成新的竞争优势，这也是实现经济高质量发展中长期目标的必然选择。

我们需要看到，当今世界正经历百年未有之大变局，新冠肺炎疫情全球大流行使这个大变局加速变化，全球产业链供应链因非经济因素而面临冲击。同时，我国转向高质量发展阶段，经济正处在转变发展方式、优化经济结构、转换增长动力的攻关期。我国发展仍然处于重要战略机遇期，但机遇和挑战都有新的发展变化。在此背景下，更加重视推动我国高新技术产业发展，在安全的基础上，提高产业链的运行效率和创新能力，具有重要意义。对此，我们需深入把握新形势下高新技术产业发展的机遇与挑战，根据我国发展阶段、环境、条件等各方面变化，寻找我国高新技术产业更高质量、更有效率、更可持续、更为安全发展的现实路径，找到推动发展的着力点。

为健全完善科技成果评价体系，更好发挥科技成果评价作用，促进科技与经济社会发展更加紧密结合，加快推动科技成果转化为现实生产力，国务院办公厅于2021年7月16日发布了《关于完善科技成果评价机制的指导意见》，其中指出要以习近平新时代中国特色社会主义思想为指导，深入贯彻党的十九大和十九届二中、三中、四中、五中全会精神，深入实施创新驱动发展战略，深化科技体制改革，坚持正确的科技成果评价导向，创新科技成果评价方式，通过激发科技人员的积极性，推动产出高质量成果、营造良好创新氛围，促进创新链、产业链、价值链深度融合，为构建新发展格局和实现高质量发展提供有力支撑。

第二节　高新技术的定义

高新技术是指那些对一个国家或一个地区的政治、经济和军事等各方面的进步产生深远的影响，并能形成产业的先进技术群。

高新技术区别于一般技术的最大特征是它可以改变一个现存行业，并且会对经济结构产生重大影响，甚至创造一个新行业。现阶段科技成果的转化水平及新技术的成果转化能力日益成为一个地区乃至国家科技发展水平的重要体现。因此有效地对一个地区或国家的技术成果转化能力进行评价，有针对性地提出提升技术成果转化能力的建议，进而促进整体科技发展水平的提高，就是摆在各国政府部门及科技工作者面前的一项艰巨任务。

高新技术直到 20 世纪 90 年代才作为一个独立的概念被正式提出。美国沃顿商学院研究中心的人员启动了"新兴技术管理研究计划"，试图通过此项研究的开展来理解企业在利用新兴技术的时候所需面对的一系列挑战，与此同时技术研发要想获得成功，企业要具备一定的能力并采取一定的战略措施。该中心的研究人员认为，技术是指或与某一产品或市场相符，或是建立在已有行业基础上的某项技能；而新兴技术则是指建立在科学基础上，可能改变某个老行业甚至于创立一个新行业的创新。这是关于新兴技术概念的最原始定义。在此后的研究过程中，大量学者都对新兴技术的含义做出了自己的界定。

第三节 高新技术的发展历程

目前高新技术企业、技术先进型服务企业实施税收优惠政策，国家大学科技园和国家级科技企业孵化器实施税收减免政策，企业研发费用可加计扣除；建设国家自主创新示范区工作已取得新突破，股权激励、鼓励企业创新的财税支持、技术转让税收激励、科技金融、非上市公司股权代办等政策在中关村科技园区先行先试；创业板已正式启动，高新技术企业成为支持的重点。

《2013—2017 年中国高新技术产业园市场前瞻与投资战略规划分析报告》显示，"十一五"以来，我国高新技术产业化成果显著，在信息与空间、新材料、先进制造、能源、先进交通等领域涌现出一批重大技术创新成果，自主创新能力进一步提高；高速铁路、无线宽带通信、高性能计算机、新能源汽车等技术已步入世界先进行列；若干高新技术重大成套装备及其关键零部件实现了自主设计制造；以信息网络等高新技术为主要支撑的电子商务、数字媒体等现代服务业新兴业态层出不穷。

国家高新区和产业化基地已成为推动区域经济发展的重要增长极，为战略性新兴产业的培育和发展提供了强大支撑。目前，一批市场占有率高、竞争力强的产业集群不断发展壮大,已初步形成了布局较为合理的高新技术产业体系。在取得显著成绩的同时,我国高新技术产业化发展及园区建设仍然存在一些问题,如高新技术产业的自主创新能力和产业化能力亟待加强,对推动产业整体发展的关键共性技术等掌握不足,产业化环境建设工作与国家重大科技计划的衔接有待加强,鼓励和支持创新创业的政策环境亟须进一步完善。

第四节 高新技术的应用范围

21世纪的社会是一个信息技术和高新技术十分发达的社会。随着现代社会的进步和发展,特别是高新技术在各行各业的广泛应用,人类的生活质量和健康水平有了很大的提高。21世纪,高新技术发展迅猛,高新技术在医学技术领域中的应用也非常广泛。随着高新技术在医学领域里应用程度的广泛深入,人类将迎来一个更加美好的新时代。

目前,科学家正在以前所未有的速度破译生命的基因密码,以进一步揭开生物进化的奥秘。利用基因科学和遗传科学,科学家现在已经发现了导致癌症和多种遗传疾病的基因,有人预测,基因疗法将取代外科手术、放疗和化疗,从而成为人类21世纪攻克癌症的希望。

美国科学家还利用基因技术成功地培育出了脑细胞,这种细胞能够在大脑中存活下来并发挥脑组织功能。这可能会发展成医学研究应用领域里用途最为广阔的疗法之一。

医学成像技术也日新月异。继CT扫描技术、超声显像诊断技术之后,科学家又研制出了数字X射线成像技术。利用这项技术获得的图像可以采用电子方式加以储存、调阅、发送,不再需要化学试剂、胶片和大量的储存空间。这项技术将使医生能够在国际互联网上发送图像,配发患者病历,进行远程会诊。

近年来,由于高科技的发展和应用,新型的智能材料不断问世,并且广泛地应用于医学领域,例如,能模拟活体的生物弹性材料,其力量和反应速度均接近人的肌肉。这种材料将来可以应用于人体组织的修复,因为它们具有与生物体相容的性质,随着伤口的愈合,这种聚合物就会在体内分解掉。意大利比萨大学的科研人员成功研制一种可以用于机器人的人造皮肤智能材料,这种材料可以感知温度的变化以及各种应力的大小。

科学家预言,由于电脑的作用越来越大,未来将能创造出一种体内嵌有软件的虚拟人体。药物可以首先在虚拟人体内进行试验，然后才投入市场。虚拟技术在医学教学、临床诊断和手术等方面的应用极为广泛。第一次走上手术台的医生都不免会感到紧张和恐慌，然而通过模拟技术的帮助，他们就可以极为轻松地在显示器上一遍一遍地模拟手术，寻找最佳的手术方案。虚拟显示的人体结构大都可以达到乱真的程度，如医生可以看到孕妇体内的胎儿，可以观察模拟器官对刺激的反应。医生凭借虚拟技术所产生的图像可以"步行"到人体内部去查看肿瘤，以便找出准确的治疗方案并检查治疗效果，确保放射治疗的辐射只聚集到肿瘤部位，而不伤害周围的健康组织。

现代高新技术快速发展，特别是计算机技术、激光技术、超声波技术、多媒体技术、虚拟现实技术、机器人技术、互联网技术等高精科学技术在医学领域的广泛应用，将会给医学领域带来一个全新的发展机遇。21世纪，人们在家通过互联网进行远程治疗的梦想将会变成现实。相信不远的将来人类的生活和健康水平将会有更大的提高。

第五节　高新技术的分类

一、电子信息技术

（一）软件

1. 系统软件

操作系统软件技术，包括实时操作系统技术、小型专用操作系统技术、数据库管理系统技术、基于可扩展固件接口（EFI）的通用或专用基本输入输出系统（BIOS）技术等。

2. 支撑软件

支撑软件涉及测试支撑环境与平台的技术，软件管理工具套件技术，数据挖掘与数据呈现技术，分析工具技术，虚拟现实（包括游戏类）软件开发环境与工具技术，面向特定应用领域的软件生成环境与工具套件技术，模块封装、企业服务总线（ESB）、服务绑定等的工具软件技术，面向行业应用及基于相关封装技术的软件构件库技术等。

3. 中间件软件

中间件软件包括行业应用的关键业务控制器，基于浏览器/服务器（B/S）和面向万维网（Web）服务的应用服务器，支持异种智能终端间数据传输的控制器等。

4. 嵌入式软件

嵌入式软件涉及嵌入式图形用户界面技术、嵌入式数据库管理技术、嵌入式网络技术、嵌入式 Java 平台技术、嵌入式软件开发环境构建技术、嵌入式支撑软件层中的其他关键软件模块研发及生成技术、面向特定应用领域的嵌入式软件支撑平台（包括智能手机软件平台、信息家电软件平台、汽车电子软件平台等）技术、嵌入式系统整体解决方案的研发技术等。

5. 计算机辅助工程管理软件

计算机辅助工程管理软件是工程规划、工程管理，以及产品设计、开发、生产、制造等过程中使用的软件工作平台或软件工具。其涉及基于模型数字化定义技术的计算机辅助产品设计、制造及工艺软件技术，面向行业的产品数据分析和管理软件技术，基于计算机协同工作的辅助设计软件技术，快速成型的产品设计和制造软件技术，具有行业特色的专用计算机辅助工程管理/产品开发工具技术，产品全生命周期管理系统软件技术、计算机辅助工程软件技术等。

6. 中文及多语种处理软件

中文及多语种处理软件指的是针对中国语言文字（包括汉字和少数民族语言文字）和外国语言文字开发的识别、编辑、翻译、印刷等方面的应用软件。其涉及基于智能技术的中、外文字识别软件技术，字处理类（包括少数民族语言）文字处理软件技术，基于先进语言学理论的中文翻译软件技术，语音识别软件和语音合成软件技术，集成中文手写识别、语音识别/合成、机器翻译等多项智能中文处理技术的应用软件技术，多语种交叉的软件应用开发环境和平台构建技术等相关技术。

7. 图形和图像软件

图形和图像软件涉及支持多通道输入/输出的用户界面软件技术、基于内容的图形图像检索及管理软件技术、基于海量图像数据的服务软件技术、具有交互功能与可量测计算能力的三维（3D）软件技术、具有真实感的 3D 模型与 3D 景观生成软件技术、遥感图像处理与分析软件技术等。

8. 金融信息化软件

金融信息化软件指面向银行、证券、保险行业等金融领域的软件。其涉及支持网上税、库、行、海关等联网业务运作的软件技术，基于金融领域管理主题的数据仓库或数据集市及其应用等技术，金融行业领域的财务评估、评级软件技术，金融领域新型服务模式的软件技术等。

9. 地理信息系统（GIS）

地理信息系统涉及网络环境下多系统运行的 GIS 软件平台构建技术、基于 3D/4D（带有时间标识）技术的 GIS 开发平台构建技术，组件式和可移动应用的 GIS 软件包技术等。

10. 电子商务软件

电子商务软件涉及基于 Web 服务及面向服务体系架构的电子商务应用集成环境及其生成工具软件或套件的技术，面向电子交易或事务处理服务的各类支持平台、软件工具或套件的技术，支持电子商务协同应用的软件环境、平台或工具套件的技术，面向桌面和移动终端设备应用的信息搜索与服务软件或工具的技术，面向行业的电子商务评估软件或工具的技术，支持新的交易模式的工具软件和应用软件技术等。

11. 电子政务软件

电子政务软件涉及用于构建电子政务系统或平台的软件构件及工具套件技术，跨系统的电子政务协同应用软件环境、平台、工具等技术，应急事件联动系统的应用软件技术，面向电子政务应用的现场及移动监管稽核软件和工具技术，面向电子政务应用的跨业务系统工作流软件技术，异构系统下政务信息交换及共享软件技术，面向电子政务应用的决策支持软件和工具技术等。

12. 企业管理软件

企业管理软件涉及数据分析与决策支持的商业智能软件技术，基于射频识别和全球定位系统应用的现代物流管理软件技术，企业集群协同的供应链管理软件技术，面向客户个性化服务的客户关系管理软件技术等。

（二）微电子技术

1. 集成电路设计技术

集成电路设计技术涉及环境管理、原理图编辑、版图编辑、自动版图生成、版图验证以及参数提取与反标等工具，包括器件模型、参数提取，以及仿真工具等专用技术。

2. 集成电路产品设计技术

集成电路产品设计技术包括音视频电路、电源电路等量大面广的集成电路产品的设计开发，专用集成电路芯片的开发，具有自主知识产权的高端通用芯片的开发与产业化，符合国家标准、具有自主知识产权、重点整机配套的集成电路产品的开发，3G移动终端电路、数字电视电路、无线局域网电路等的设计。

3. 集成电路封装技术

小外型有引线扁平封装、四边有引线塑料扁平封装、有引线塑封芯片载体等高密度塑封的生产技术研究，成品率达到99%。新型的封装形式，包括采用薄型载带封装、塑料针栅阵列、球栅阵列、多芯片组装、芯片倒装焊等封装工艺技术。

4. 集成电路测试技术

集成电路品种的软件测试，包括圆片测试及成品测试。集成电路测试主要使用提高集成电路测试系统使用效率的软/硬件工具、设计测试自动连接工具等。

5. 集成电路芯片制造技术

集成电路芯片制造技术包括互补金属氧化物半导体（CMOS）工艺技术、CMOS加工技术和各种与CMOS兼容的系统级芯片（SoC）产品的工业化技术，双极型工艺技术，宽带隙半导体基集成电路工艺技术，电力电子集成器件工艺技术。

6. 集成光电子器件技术

集成光电子器件包括半导体大功率高速激光器，大功率泵浦激光器，高速PIN-FET模块，阵列探测器，10Gbit/s-40Gbit/s光发射及接收模块，用于高传输速率多模光纤技术的光发射与接收器件，非线性光电器件，平面波导器件等。

（三）计算机及网络技术

1. 计算机及终端技术

手持和移动计算机；具有特定功能的行业应用终端，包括金融、公安、税务、教育、交通、民政等部门的信息采集（包括条形码、视频等）、认证支付和无线连接等功能的便携式智能终端等；基于电信网络或计算机网络的智能终端等。

2. 各类计算机外围设备技术

具有自主知识产权的计算机外围设备，包括打印机、复印机等；计算机外围设备的关键部件，包括打印机硒鼓、墨盒、色带等；计算机使用的安全存储设备，存储、移动存储设备等；基于存储技术、蓝牙技术、闪联技术的各类外部设备及器材。

3. 网络技术

基于标准协议的应用于企业网和行业专网的信息服务管理和网络管理软件，包括监控软件、网际互联协议（IP）业务管理软件等；增值业务软件和应用平台等；用于企业和家庭的中、低端无线网络设备，包括无线接入点、无线网关、无线网桥、无线路由器、无线网卡等；符合蓝牙标准的近距离（几米到十几米）无线收发技术等；IPv4 向 IPv6 过渡的中、低端网络设备和终端。

4. 空间信息获取及综合应用集成系统

空间数据获取系统，包括低空遥感系统、基于导航定位的精密测量与检测系统、与移动通信部件一体化的数据获取设备等；导航定位综合应用集成系统，包括基于"北斗一号"卫星导航定位应用的主动/被动的导航、定位设备及公众服务系统；基于位置服务技术的应用系统平台；时空数据库的构建及其应用技术等。

5. 面向行业及企业信息化的应用系统

融合多种通信手段的企业信息通信集成技术；智能化的知识管理；工作流、多媒体；基于面向服务架构建立的企业信息化集成应用系统。

6. 传感器网络节点、软件和系统

面向特定行业的传感器网络节点、软件或应用系统；传感器网络节点的硬件平台和模块、嵌入式软件平台及协议软件等；传感器网络节点的网络接口产品模块、软件等。采用定点生产（OEM）方式的集成生产项目除外。

（四）通信技术

1. 光传输技术

可用于城域网和接入网的新型光传输设备技术，包括中/低端新型多业务光传输设备和系统、新型光接入设备和系统、新型低成本小型化波分复用传输设备和系统、光传输设备中新型关键模块光传输系统仿真计算等专用软件。

2. 小型接入设备技术

适合国内的网络状况和用户特殊应用需求的小型接入设备技术，包括各类综合接入设备，各种互联网接入设备，无线接入、电力线接入的设备，其他新型中小型综合接入设备。

3. 无线接入技术

调制方式多样、能适应复杂使用环境的移动通信接入技术的无线接入设备及其关键部件，包括宽带无线接入设备，如基站、终端、网关等；基于 IEEE802.11 等协议的基站与无线局域网终端设备；基于 IEEE802.16 等协议的宽带无线城域网终端设备、系统和技术；各类高效率天线终端设备和特种天线技术和设备等；固定无线接入设备；各种无线城域网设备和系统，包括增强型无线局域网基站和终端等。

4. 移动通信系统的配套技术

适用于移动通信网络等的系列配套技术。使用该技术的设备如 3G 系统的直放站（含天线）配套设备，用于各种基站间互联的各种传输设备，移动通信网络规划优化工具，基站与天线的射频信号光纤拉远传输设备，移动通信的网络测试、监视和分析仪表，数字集群系统，其他基于移动通信网络的行业应用的配套设备。

5. 软交换和基于 IP 的语言传输（VoIP）系统

基于分组交换原理的下一代网络系统和设备技术，包括中小型 IP 电话系统及设备；面向特定行业和企业应用、集成 VoIP 功能的呼叫中心系统及设备；VoIP 系统的监测和监控技术等。

6. 业务运营支撑管理系统

网络和资源管理系统；结算和计费系统；业务管理和性能分析系统；经营分析与决策支持系统；客户服务管理系统；服务质量管理系统；各类通信设备的测试系统；适用于上述系统的组件产品，包括各类中间件等。

7. 电信网络增值业务应用系统

固定网、移动互联网等网络的增值业务应用软件技术。其应用包括各类增值业务的综合开发平台；流媒体、可视电话、手机等的应用系统；基于电信网、互联网等的增值业务和应用系统；基于 P2P 技术的各类应用系统，包括即时通信系统等；基于现有网络技术的增值业务平台；支持网络融合和业务融合的增值业务应用平台及系统。

（五）广播电视技术

1. 演播室设备技术

与数字电视系统相适应的各类数字化电子设备技术。应用该技术的设备包括演播室数字视频服务器、数字视频切换控制台、数字音视频非线性编辑服务器；节目的电子交换系统、节目制播系统、面向数字媒体版权保护的加解密和密钥管理系统、数字版权保护系统；适合我国地面电视标准的地面数字电视传输设备；地面－有线合一的数字电视传输设备；符合我国标准的具有自主知识产权的数字电视发射与转发设备；卫星数字电视调制器、有线数字电视调制器、地面数字电视调制器；广播电视监控系统及设备；用于IP网络、移动接收服务网络的数据网关，数据协议转发服务器；有线数字电视和卫星数字电视运营商的运营支撑系统；以电子节目指南、综合信息发布、数据广播及交互电视等构成的业务应用系统。

2. 交互信息处理系统

交互信息处理系统就是能够实现交互式控制的服务端系统。

3. 信息保护系统

信息保护系统就是能够实现各种信息媒体整体版权保护的系统。

4. 数字地面电视技术

数字地面电视技术包括可提高收发机性能的技术，与单频组网、覆盖补点、专用测试等应用相关的技术。应用该技术的设备如数字电视单频网适配器、广播信号覆盖补点器、广播信号发生器、广播信号分析仪等。

5. 地面无线数字广播电视技术

符合国家《地面数字电视传输国家标准》（GB/T 28431—2012）的设备技术。应用该技术的设备包括数字广播电视发射机、数字广播电视复用器、数字广播电视信道编码调制器、无线地面数字广播技术。

6. 专业音视频信息处理系统

专业音视频信息处理系统就是公共交通、公共场所等各类专业级网络化的音视频处理系统。

7. 光发射、接收技术

光发射、接收技术指的是具备自主知识产权的光发射和光接收技术。应用该技术的设备有激光器模块、光电转换模块、调幅返送光发射机、室外型宽带光接收机等。

8. 电台、电视台自动化技术

电台、电视台自动化技术就是适合电台、电视台开展音频及视像节目编、采、播业务的技术。应用该技术的设备有具备发射机单机模拟量、开关量的选择与采集设备，控制信号接口选择功能的设备，能对发射机工作状态实现控制、监测、记录、分析、诊断、显示、报警等功能的设备，能对全系统进行数据处理的计算机设备，能对发射机房多机系统进行自动化控制管理的设备等。

9. 网络运营综合管理系统

网络运营综合管理系统指的是基于卫星传输的，能进行分级网络运营管理，能实现全网传输设备的维护、设置及业务管理一体化的软件系统，包括广播影视传输覆盖网的管理系统、有线电视分配网网络管理系统等。

10. 交互式网络电视（IPTV）技术

IPTV 技术指的是电信、计算机和广电三大网络的业务应用融合的技术。应用该技术的设备有 IPTV 路由器和交换器、IPTV 终端设备、IPTV 监管系统和设备、IPTV 前端设备等。

11. 高端个人媒体信息服务平台

高端个人媒体信息服务平台应用的是移动办公软件技术，包括个人信息综合处理平台、便携式个人信息综合处理终端等。采用OEM方式的集成生产项目除外。

（六）新型电子元器件

1. 半导体发光技术

半导体发光技术包括半导体发光二极管所用外延片制造技术，以及高效、高亮度、低光衰、高抗静电的外延片技术。例如，GaN 基外延片／Si 基外延片／蓝宝石衬底外延片技术，半导体发光二极管制作技术，大功率、高效、高亮度、低光衰、高抗静电的发光二极管技术，高效、高亮度、低光衰、高抗静电的发光二极管技术，半导体照明用长寿命高效荧光粉、热匹配性能和密封性能好的封装树脂材料和热沉材料技术等。

2. 片式和集成无源元件技术

片式 EMI/EMP 复合元件和低温共烧陶瓷（LTCC）集成无源元件；片式高温、

高频、大容量多层陶瓷电容器；片式负温度系数（NTC）热敏电阻和片式多层压敏电阻；片式高频、高稳定、高精度频率器件等。

3. 片式半导体器件技术

使用该技术的产品有小型、超小型有引线及无引线产品，低弧度键合、超薄封装的相关产品，功率型有引线及无引线产品等。

4. 中高档机电组件技术

使用该技术的产品有符合工业标准的超小型、高密度、高传输速度的连接器，新一代通信继电器，小体积、大电流、组合式继电器和固体光继电器，高保真、高灵敏度、低功耗电声器件，刚挠结合板和高密度积层板等。

（七）信息安全技术

1. 安全测评类

对网络与系统的安全性能进行测试与评估的技术；对安全产品的功能、性能进行测试与评估，能满足行业或用户对安全产品自测评需求的技术等。

2. 安全管理类

具备安全集中管理、控制与审计分析等功能的综合安全管理类技术，具备统一配置、分发和审核功能的安全管理类技术等。

3. 安全应用类

电子政务相关应用安全软件及相关技术，电子商务相关应用安全软件及相关技术，公众信息服务相关应用安全软件及相关技术等。

4. 安全基础类

操作系统安全的相关支撑技术，数据库安全管理的相关支撑技术，安全路由和交换设备的研发和生产技术，安全中间件技术，可信计算和标识认证相关支撑技术等。

5. 网络安全类

网络攻击防护技术，网络异常监控技术，无线与移动安全接入技术，恶意代码防护技术，网络内容安全管理技术等。

6. 专用安全类

密码及其应用技术，安全隔离与交换等边界防护技术，屏蔽、抑制及干扰类电磁泄漏发射防护和检测技术，存储设备和介质中信息的防护、销毁及存储介质的使用管理技术，高速安全芯片技术，安全事件取证和证据保全技术等。市场前景不明朗、低水平重复，以及简单的技术引进类信息安全软件及其相关产品除外。

（八）智能交通技术

1. 先进的交通管理和控制技术

具备可扩展性的适于中小城市信号设备的控制技术，可支持多种下端协议的上端控制系统的软件研发技术，交通应急指挥管理相关技术，网络环境下的外场交通数据综合接入技术，交通事件自动检测和事件管理的软件研发技术等。

2. 交通基础信息采集、处理设备及相关软件技术

采用微波、主被动红外线、激光、超声波技术（不含视频）的设备，可用于采集交通量、速度、车型、占有率、车头时距等交通流参数。其他相关技术如车辆、站场枢纽客流统计检测设备生产及分析技术，用于公众服务的动态交通信息融合、处理技术，交通基础设施状态监测设备的软件研发和生产技术，内河船舶交通量自动检测设备研发技术等。

3. 先进的公共交通管理设备和系统技术

大容量快速公交系统、运营调度管理系统（含车、路边设备）的构建技术；公交（含大容量公交）自动售检票系统的构建技术，该系统要能够支持现金、信用卡、预付费卡等多种支付方式；大中城市公共交通运营组织与调度管理相关系统的构建技术等。

4. 车载电子设备和系统技术

具有实时接收数据的能力，并可进行本地路径动态规划的车载导航设备的研发及生产；符合国家标准的电子停车收费系统的研发；车载安全驾驶辅助产品的生产技术等。

二、生物与新医药技术

（一）医药生物技术

1. 新型疫苗

具有自主知识产权且未曾在国内外上市销售的、预防重大疾病的新型高效基因工程疫苗，包括预防流行性呼吸系统疾病、艾滋病、肝炎、出血热、大流行感

冒、疟疾、狂犬病、钩虫病、血吸虫病等人类疾病的新型疫苗、联合疫苗等。

2. 基因工程药物

具有自主知识产权，用于心脑血管疾病、肿瘤、艾滋病、血友症等重大疾病，以及其他单基因遗传病治疗的基因工程药物、基因治疗药物、靶向药物、重组人血清白蛋白制品等。

3. 重大疾病的基因治疗

用于恶性肿瘤、心血管疾病、神经性疾病的基因治疗及其关键技术和产品，具有自主知识产权的重大疾病基因治疗类产品，包括恶性肿瘤、遗传性疾病、自身免疫性疾病、神经性疾病、心血管疾病和糖尿病等的基因治疗产品，基因治疗药物输送系统等。

4. 单克隆抗体系列产品与检测试剂

用于肝炎、艾滋病、血吸虫病、人禽流感、性病等传染性疾病和肿瘤、出生缺陷及吸毒等早期检测、诊断的单克隆抗体试剂，包括食品中微生物、生物毒素、农药兽药残留检测用单克隆抗体及试剂盒，重大动植物疫病、转基因生物检测用单克隆抗体及试剂盒，造血干细胞移植的分离、纯化和检测所需的单克隆抗体系列产品，抗肿瘤及抗表皮生长因子单克隆抗体药物。

5. 蛋白质/多肽/核酸类药物

抗肿瘤蛋白药物(如肿瘤坏死因子)，心脑血管系统蛋白药物(如纤溶酶原、重组溶血栓)，神经系统蛋白药物，肌肉关节疾病的蛋白质治疗药物，以及抗病毒的蛋白药物；各类细胞因子，如促红细胞生成素、促人血小板生长因子、干扰素、集落刺激因子、白细胞介素、肿瘤坏死因子、趋化因子、转化生长因子等的药物；抗病毒、抗肿瘤及治疗自身免疫病的核酸类药物等。

6. 生物芯片

重大疾病、传染病、遗传病、地方病等诊断用芯片，生物安全检测用芯片，研究用芯片，进出口检验检疫芯片，生物芯片等。

7. 生物技术加工天然药物

采用细胞大规模培养、生物转化技术开发生物资源和中药资源，包括利用动植物细胞大规模培养技术、发酵法生产濒危、名贵、紧缺药用原料，以及从动植物组织中分离提取生物活性物质原料及新药等。

8. 生物分离及相关检测试剂

适用于基因工程、细胞工程、发酵工程、天然药物的生产、药物活性成分等分离用的高精度、自动化、程序化、连续高效的设备和介质，以及适用于生物制品厂的生产装置等，包括生物、医药用新型高效分离介质及装置，生物、医药用新型高效膜分离组件及装置，生物、医药用新型高效层析介质及装置，生物、医药用新型发酵技术与装置，生物反应和生物分离的过程集成技术，生物、医药研究、生产及其检测用试剂、试剂盒等。

9. 新生物技术

具有明确应用前景的新生物技术，包括治疗疾病的干细胞技术及用于基因治疗、新药开发和生物医学的核糖核酸（RNA）干扰技术，用于生物医药研究的纳米技术，能提高多肽药物的稳定性、降低免疫原性的多肽修饰技术，海洋生物技术等。

（二）中药、天然药物

1. 创新药物

创新药物指拥有自主知识产权、符合现代新药开发技术要求的中药、天然药物，包括从中药、天然药物中提取的有效成分、有效部位，以及新发现的中药材和中药材新的药用部位及制剂等。

2. 中药新品种的开发

中药新品种的开发指的是利用中药、天然药物制成新的复方制剂，对名优中成药及民族药进行二次开发，如对透皮制剂、缓控速释制剂、靶向制剂、定位制剂等的开发。

3. 中药资源可持续利用

珍贵和濒危野生动植物资源的种植（养殖）、良种选育技术；珍贵和濒危野生药材代用品及人工制品；符合种植规范和管理要求的中药材；中药材去除重金属和农药残留新技术、新产品的研究等。

（三）化学药

1. 创新药物

拥有自主知识产权的创新药物，包括通过合成或半合成的方法制得的原料药及其制剂，从天然物质中提取或通过发酵提取的新的有效单体及其制剂，用拆分或合成等方法制得的已知药物中的单一光学异构体及其制剂，由已上市销售的多组分药物制备为较少组分的药物，新的复方制剂，已有药物发现新的适应症等。

2. 心脑血管疾病治疗药物

抗高血压药物、抗冠心病药物、抗心衰药物、抗血栓药物、治疗脑卒中新药等。

3. 抗肿瘤药物

抗恶性肿瘤细胞侵袭转移的药物，放化疗增敏药物，肿瘤化学预防及用于癌前病变治疗的药物，作用于肿瘤细胞信号传递系统的新药，其他新型抗肿瘤药物，肿瘤辅助治疗（包括镇痛、止吐、提高免疫力）药物等。

4. 抗感染药物

大环内酯类抗生素，头孢菌素抗生素，非典型 β-内酰胺类抗生素，抗真菌药物，喹诺酮类抗菌药物，四环素类抗菌药物，手性硝基咪唑类抗原虫、抗厌氧菌药物，多肽类抗生素等。

5. 老年病治疗药物

防治骨质疏松新药，阿尔茨海默病治疗新药，慢性阻塞性肺病治疗新药，前列腺炎及前列腺肥大治疗药物，便秘治疗药物等。

6. 神经系统药物

抗抑郁药、抗焦虑药、偏头痛治疗药、儿童注意力缺乏综合征治疗药、癫痫治疗药等。

7. 计划生育药物

女用避孕药、男用避孕药、事后避孕药、抗早孕药等。

8. 重大传染病治疗药物

艾滋病治疗药物，传染性肝炎治疗药物，结核病防治药物，血吸虫病防治药物，流感、禽流感、非典型肺炎等呼吸道传染病的防治药物等。

9. 治疗代谢综合征的药物

糖尿病及其并发症治疗药物、血脂调节药物、脂肪肝治疗药物、肥胖症治疗药物等。

10. 手性药物和重大工艺创新的药物

手性药物技术，包括外消旋药物的拆分，无效对映体的转化及生物转化合成技术；拆分和手性药物的制备技术；手性药物的生物催化合成技术；新型手性体的设计与合成技术；工业化不对称催化技术；由糖合成手性纯天然化合物和其类似物的开发技术；拆分试剂、手性辅助剂、手性分析用试剂、手性源化合物的开发与应用技术等。重大工艺创新包括能大幅度降低现有药物生产成本的重大工艺创新，节能降耗明显的重大工艺改进，能大幅度减少环境污染的重大工艺改进，改进药物晶型的重大工艺改进等。简单地改变制备工艺的品种除外。

（四）新剂型及制剂技术

1. 缓、控、速释制剂技术

控制药物释放速度的缓、控、速释制剂技术，包括透皮吸收制剂技术，注射缓、控释制剂（长效储库型注射剂）技术，口服（含舌下）缓、控、速释制剂技术，缓释微丸胶囊（直径为 5～250μm）制剂技术，黏膜、腔道、眼用等其他缓、控释制剂技术等。

2. 靶向给药系统

以脂类、类脂蛋白质及生物降解高分子成分作为载体，将药物包封或嵌构而成的各种类型的新型靶向给药系统，包括结肠靶向给药（口服）系统，心脑靶向给药（口服、注射）系统，淋巴靶向给药（注射）系统，能实现2级靶向、3级靶向给药的系统等。

3. 给药新技术及药物新剂型

药物新剂型如高效、速效、长效、靶向给药新型药物。新型给药技术如缓释、控释、透皮吸收制剂技术，蛋白或多肽类药物的口服制剂技术，纳米技术，脂质体技术，微囊释放新技术等。

4. 制剂新辅料

β-环糊精衍生物、微晶纤维素和微粉硅胶等固体制剂用辅料，具有掩盖药物的不良口感、提高光敏药物的稳定性、减小药物对胃肠道的刺激性、使药物在指定部位释放等作用，如纤维素衍生物和丙烯酸树脂类衍生物等。注射用辅料，包括注射用β-环糊精衍生物、注射用卵磷脂和注射用豆磷脂，控、缓释口服制剂，黏膜给药和靶向给药制剂，眼用药物，皮肤给药等特殊药用辅料。简单改变剂型和给药途径的技术除外。

（五）医疗仪器技术、设备与医学专用软件

1. 医学影像技术

X射线摄影成像技术（高频、中频）、新型高性能超声诊断技术（如彩色B超）、功能影像和分子影像成像技术、新型图像识别和分析系统，以及其他新型医学成像技术，包括电阻抗成像技术等。

2. 治疗、急救及康复技术

新型微创外科手术器具及其配套装置，植入式电子刺激装置，新型急救装置，各类介入式治疗技术与设备，以治疗计划系统为核心的数字化精确放射治疗技术以及医用激光设备等。

3. 电生理检测、监护技术

数字化新型电生理检测和监护设备技术；适用于基层医院、社区医疗机构、生殖健康服务机构，以及能面向家庭的各类新型无创和微创检测诊断技术、监护设备和康复设备；高灵敏度、高可靠性的新型医用传感器及其模块组件等。

4. 医学检验技术

体现自动化和信息化的应急生化检验装置、常规生化分析仪器、常规临床检验仪器，以及具有明确的临床诊断价值的新技术，采用新工艺、新方法或新材料的其他医学检验技术和设备等。

5. 医学专用网络环境下的软件

医用标准化语言编译及电子病历系统、电子健康档案系统、重大疾病专科临床信息系统、社区医疗健康信息系统，以及实用三维数字医学影像后处理系统等。机理不清、治疗效果不确定的产品除外。

（六）轻工和化工生物技术

1. 生物催化技术

具有重要市场前景及自主知识产权的生物催化技术，包括用于合成精细化学品的生物催化技术、新型酶和细胞固定化方法、生物手性化学品的合成、生物法合成多肽类物质、有生物活性的新型糖类和糖醇类的合成等。

2. 微生物发酵新技术

微生物发酵新技术指的是高效菌种的选育、新型发酵工程和代谢工程技术，包括微生物发酵生产的新方法，微生物发酵新技术和新型反应器，新功能微生物

的选育方法和发酵过程的优化、控制新方法，采用代谢工程手段提高发酵水平的新方法，传统发酵产品的技术改造和生产新工艺，重大发酵产品中可提高资源利用率、降低排污量的清洁生产新技术和新工艺等。

3. 新型、高效工业酶制剂

对提高效率、降低能耗和减少排污有显著效果的绿色化学处理工艺及新型、高效工业酶制剂，包括有机合成用酶制剂，纺织工业用酶、洗涤剂用酶、食品用酶、制药工业用酶、饲料用酶、环保用酶等酶制剂，生物新材料用酶，生物新能源用酶等。

4. 天然产物有效成分的分离提取技术

可提高资源利用率的、从天然动植物中提取有效成分制备高附加值精细化学品的分离提取技术，包括天然产物有效成分的分离提取新技术，天然产物有效成分的全合成、化学改性及深加工新技术，从天然产物中分离高附加值新产品的技术，高效分离纯化技术，从动植物原料加工废弃物中进一步分离提取有效成分的新技术等。

5. 生物反应及分离技术

高效生物反应器，高密度表达系统技术，大规模高效分离技术和设备，大型分离系统及在线检测控制装置，基因工程、细胞工程和蛋白质工程产品专用分离设备，生物过程参数传感器和自控系统等。

6. 功能性食品及生物技术在食品安全领域的应用

辅助降血脂、降血压、降血糖的功能食品，抗氧化功能食品，减肥功能食品，辅助改善老年记忆功能食品，功能化传统食品；功能性食品有效成分检测技术和功能因子生物活性稳态化技术，食品安全的生物检测技术等。

（七）现代农业技术

1. 农林植物优良新品种与优质高效安全生产技术

优质、高效、高产新品种技术，水肥资源高效利用型新品种技术，抗病虫、抗寒、抗旱、耐盐碱等抗逆新品种技术，新型、环保肥料与植物生长调节剂及高效安全施用技术。

2. 畜禽水产优良新品种与健康养殖技术

畜禽水产优良新品种及快繁技术，珍稀动物、珍稀水产养殖技术，畜牧业、水产业健康养殖技术，畜牧水产业环境调控和修复技术，安全、优质、专用、新型饲料及饲料添加剂生产和高效利用技术，畜牧水产业质量安全监控、评价、检测技术，优质奶牛新品种及规模化、集约化饲养与管理技术。

3. 重大农林植物灾害与动物疫病防控技术

重大农林植物病虫鼠草害、重大旱涝等气象灾害，以及森林火灾监测、预警、防控新技术；主要植物病虫害及抗药性检测、诊断技术；环保型农药创制、高效安全施用与区域性农林重大生物灾害可持续控制技术；畜牧水产重大疾病监测预警、预防控制、快速诊断、应急处理技术；烈性动物传染病、动物源性人畜共患病高效特异性疫苗生产技术；高效安全新型兽药及技术质量监测技术等。

4. 农产品精深加工与现代储运

农业产业链综合开发和利用技术；农产品加工资源节约和综合利用技术；农产品分级、包装和品牌管理技术；农业产业链标准化管理技术；大宗粮油绿色储运、鲜活农产品保鲜及物流配送、农林产品及特种资源增值加工、农林副产品资源化利用；农副产品精深加工和清洁生态型加工技术与设备；农产品质量安全评价、快速检测、全程质量控制等技术。

5. 现代农业装备与信息化技术

新型农作物、牧草、林木种子收获、清选、加工设备，新型农田作业机械设施，高效施肥、施药机械和设备；新型畜牧水产规模化养殖技术，新型农产品产地处理技术，农业生产过程监测、控制技术，精准农业技术，遥感技术，估产及农村信息化服务系统与技术。

6. 水资源可持续利用

水资源可持续利用有水源保护、水环境修复、节水灌溉、非常规水源灌溉利用、旱作节水和农作物高效保水等措施。

7. 农业生物技术

农业生物技术的具体应用包括新型畜禽生物兽药和生物疫苗、生物肥料、生物农药及生物饲料等。

三、航空航天技术

（一）民用飞机技术

民用飞机综合航空电子、飞行控制技术，安全及救生技术，民用航空发动机及重要部件，小型、超小型飞机（含无人驾驶飞机）专用发动机及重要部件等。无动力滑翔机、教练机等除外。

（二）空中管制系统

民用航空卫星通信、导航、监视及航空交通管理系统，包括管制工作站系统、飞行流量管理系统、自动化管制系统等；先进的空中管制空域设计与评估系统，包括数字化放行系统、自动终端信息服务系统、空中交通进离港排序辅助决策系统、空管监视数据融合处理系统、飞行计划集成系统、卫星导航地面增强系统、自动相关监视系统和多点相关定位系统等。

（三）新一代民用航空运行保障系统

新型民用航空综合性公共信息网络平台、安全管理系统、天气观测和预报系统、适航审定系统；新型先进的机场安全检查系统、货物及行李自动运检系统、机场运行保障系统等。通用独立的机场运行保障信息显示、控制设备及仪器除外。

（四）卫星通信应用系统

通信卫星地面用户终端、便携式多媒体终端、卫星地面上行系统，以及采用卫星通信新技术（新协议）的高性价比地面通信系统，宽带/高频/激光卫星通信系统等；与卫星固定通信业务、卫星移动通信业务、电视卫星直播业务（卫星数字音频广播）和互联网宽带接入业务相关的四大业务地面终端设备及关键配套部件；高精度地面终端综合检测仪器与系统等。3位半以下便携式通用测试仪表等除外。

（五）卫星导航应用服务系统

卫星导航多模增强应用服务系统（含连续观测网络、实时通信网络、数据处理中心和公共服务平台），基于位置信息的综合服务系统及其应用服务终端（与无线通信网络结合的全球导航卫星系统技术和室内定位技术），具有导航、通信、视听等多种功能的车载、船载等移动信息系统，个人导航信息终端，兼容型卫星导航接收机，卫星导航小型嵌入系统等。

四、新材料技术

（一）金属材料

1. 铝、镁、钛轻合金材料深加工技术

利用环保、节能新工艺、新技术生产高纯金属镁、高洁净镁合金和高强度、高韧性、耐腐蚀铝合金、镁合金、钛合金材料，及其在航空、汽车、信息、高速列车等行业的应用技术；大断面、中空大型钛合金及铝合金板材，镁及镁合金的液态铸轧技术，镁、铝、钛合金的线、板、带、薄板（箔）、铸件、锻件、异型材等系列化产品的加工与焊接技术，后加工成形技术和着色、防腐技术，以及相关的配套设备；应用精密压铸技术生产高性能铝合金、镁合金材料及铸件；钛及钛合金低成本生产技术及其应用技术，钛及钛合金焊接管生产技术等。高污染、高能耗皮江法生产金属镁及镁合金、常规铝合金、仿不锈钢铝建材和一般民用铝制品除外。

2. 高性能金属材料及特殊合金材料生产技术

先进高温合金材料及其民用制品生产技术；超细晶粒的高强度、高韧性、强耐蚀钢铁材料生产技术；为提高钢铁材料洁净度、均匀度、组织细度，提高冶金行业资源、能源利用效率，实现节能、环保，促进钢铁行业可持续发展的配套相关材料、部件的制造技术；高强度、高韧性、高导性、耐腐蚀、高抗磨、耐高（低）温等特殊钢材料，高温合金材料，模具材料的制造技术；超细组织钢铁材料的轧制工艺，高均质连铸坯、高洁净钢的冶炼工艺，高强度耐热合金钢的铸锻工艺和焊接技术，高性能碳素结构钢、高强度低合金钢、超高强度钢、高牌号冷轧硅钢的生产工艺；高性能铜合金材（如高强、高导、无铅黄铜）生产技术，通过连铸、拉拔制成合金管线材技术等。高能耗、高污染的"地条钢"和常规铸造、常规机加工的一般建筑用钢除外。

3. 纳米粉体及粉末冶金新材料工艺技术

高纯超细粉、纳米粉体和多功能金属复合粉的生产技术，包括铜、镍、钴、铝、镁、钛等有色金属和特殊铁基合金粉末成型和烧结致密化技术；采用粉末预处理、烧结扩散制成高性能铜等有色金属预合金粉的制造技术；高性能、特殊用途钨、钼深加工及应用技术，超细晶粒（如纳米晶）硬质合金材料及高端硬质合金刀具等的制造技术等。超细钨粉及碳化钨粉和传统工艺生产常规粉末冶金材料及制品除外。

4. 低成本、高性能金属复合材料加工成型技术

在耐高压、耐磨损、抗腐蚀，改善导电性、导热性等方面具有明显优势的金属与多种材料复合的新材料及热交换器用铜铝复合管材生产新工艺；低密度、高强度、高弹性模量、耐疲劳的颗粒增强、纤维增强的铝基复合材料产业化的成型加工技术，以及低成本高性能的增强剂生产技术等。铝塑复合管材、钢（铝）塑门窗等一般民用产品除外。

5.电子元器件用金属功能材料制造技术

制取电容器用高压、超高比容钽粉的金属热还原、球团化造粒、热处理、脱氧等技术；制成超细径电容器用钽丝的粉末冶金方法和成型烧结技术；特种导电和焊接用集成电路引线及引线框架材料，电子级无铅焊料、焊球、焊粉、焊膏，贱金属专用电子浆料的制造技术；异形接触点材料和大功率无银触头材料制造技术；高磁能积、高内禀矫顽力、高性能铁氧体永磁材料和高导磁、低功耗、抗电磁干扰的软磁体材料的制造技术，片式电感器用高磁导率、低温烧结铁氧体，高性能屏蔽材料，高均匀性超薄铜箔制造技术；电真空用无夹杂、无气孔不锈钢及无氧铜材料规模化生产技术等。常规电力电工用金属电线、电缆及漆包线材料，贵金属浆料及阴极、阳极铝箔等除外。

6.半导体材料生产技术

经拉晶、切割、研磨、抛光、清洗加工制成的直径大于8英寸（1英寸=0.025 4米）超大规模集成电路用硅单晶及抛光片和外延片的加工技术；太阳能电池用大直径（8英寸）硅单晶片拉晶技术；低成本、低能耗多晶硅材料及产品产业化技术；大直径红外光学锗单晶材料及大面积宽带隙半导体（如氮化镓、碳化硅、氧化锌等）单晶和外延材料的制造技术；高纯铜、高纯镍、高纯钴、高纯银、高纯铑、高纯铋、高纯锑、高纯铟、高纯镓等高纯及超纯有色金属材料精炼提纯技术等。

7.低成本超导材料实用化技术

实用化超导线材、块材、薄膜的制备技术和应用技术等。

8.特殊功能有色金属材料及应用技术

形状记忆钛镍合金、铜合金材料及制品，高阻尼铜合金材料，高电位、高电容量镁牺牲阳极，高性能新型释汞、吸汞、吸气材料等。

9.高性能稀土功能材料及其应用技术

高纯度稀土氧化物和稀土单质分离、提取的无污染、生产过程废弃物综合回收的新工艺技术；生产高性能烧结钕铁硼永磁材料和新型稀土永磁材料的新工艺技术；新型高性能稀土发光显示材料，液晶显示器用稀土荧光粉、等离子显示器用低压（电压几百伏）荧光粉和绿色节能电光源材料制备和应用技术，高亮度、长余辉红色稀土储光荧光粉制备和应用技术；大尺寸稀土超磁致伸缩材料及应用技术；稀土激光晶体和玻璃稀土精密陶瓷材料，稀土磁光存储材料，稀土磁致冷材料和巨磁阻材料,以及稀土生物功能材料的制备和应用技术;应用于燃气、石化和环保领域的新型高效稀土催化剂的制造技术;高性能稀土镁、铝、铜等有色金属材料熔铸加工技术;用于集成电路、平面显示、光学玻璃的高纯、超细稀土抛光材料的制备技术等。性能为 N45 以下和磁能积加内禀矫顽力之和小于 60 的常规烧结钕磁体、灯用三基色荧光粉、绿黄色长余辉稀土发光粉和普通阴极射线显像管荧光粉除外。

10. 金属及非金属材料先进制备、加工和成型技术

用来制造高性能、多功能的高精、超宽、薄壁、特细、超长的新型材料及先进加工和成形技术;超细和纳米晶粒组织的快速凝固制造技术及超大形变加工技术;高速、高精、超宽、薄壁连铸连轧和高度自动化生产板、带、箔技术;金属半固态成型和近终成型技术;短流程生产工艺技术;超细、高纯、低氧含量、无（少）夹杂合金粉末的制备技术,以及实现致密化、组织均匀化、结构功能一体化或梯度化的粉末冶金成型与烧结技术（包括机械合金化粉末,快速凝固非晶纳米晶粉末,高压水及限制式惰性气体气雾化粉末;温压成型、注射成型、喷射成型、热等静压成型、高速压制等成型;压力烧结、微波、激光、放电、等离子等快速致密化烧结技术）；摩擦焊接技术；物理和化学表面改性技术。常规铸造、常规机加工项目、电弧喷涂、镀锌磷化、电镀硬铬(铜)、火焰喷涂喷焊、渗氮渗碳等中低档表面工程技术用以修复部件的项目除外。

（二）无机非金属材料

1. **高性能结构陶瓷强化增韧技术**

制造具有强度高、耐高温、耐磨损、耐腐蚀、耐冲刷、抗氧化、耐烧蚀等优越性能结构陶瓷的超细粉末制备技术、控制烧结工艺和晶界工程及强化、增韧技术；现代工业用陶瓷结构件制备技术；可替代进口和特殊用途的高性能陶瓷结构件制备技术；有重要应用前景的高性能陶瓷基复合材料和超硬复合材料制备技术；陶瓷－金属复合材料、高温过滤及净化用多孔陶瓷材料、连续陶瓷纤维及其复合材料的制备技术，高性能、细晶氧化铝产品，低温复相陶瓷产品，碳化硅陶瓷产品等的制备技术。

2. **高性能功能陶瓷制造技术**

通过成分优化调节，生产高性能功能陶瓷的粉末制备、成型及烧结工艺控制技术，包括大规模集成电路封装、贴片专用高性能电子陶瓷材料制造技术；微电

子和真空电子用新型高频、高导热绝缘陶瓷材料制造技术；新型微波器件及电容器用介电陶瓷和铁电陶瓷材料制造技术；传感器和执行器用各类敏感功能陶瓷材料制造技术；激光元件（激光调制、激光窗口等）用功能陶瓷材料制造技术；光传输、光转换、光放大、红外透过、光开关、光存储、光电耦合等用途的光功能陶瓷、薄膜制造技术等。

3. 人工晶体生长技术

新型非线性光学晶体、激光晶体材料制备技术；高机电耦合系数、高稳定性铁电、压电晶体材料制备技术；特殊应用的光学晶体材料制备技术；低成本高性能的类金刚石膜和金刚石膜制品制备技术；衰减时间短、能量分辨率高、光产额高的新型闪烁晶体材料制备技术等。钽酸锂、铌酸锂、钒酸钇、六面顶金刚石、蓝宝石和石英晶体除外。

4. 功能玻璃制造技术

具有特殊性能和功能的玻璃或无机非晶态材料的制造技术，包括光传输或成像用玻璃制造技术，光电、压电、激光、电磁、耐辐射、闪烁体等功能玻璃制造技术，屏蔽电磁波玻璃制造技术，新型高强度玻璃制造技术，生物体和固定酶生物化学功能玻璃制造技术，新型玻璃滤光片、光学纤维面板、光学纤维倒像器、X射线像增强器用微通道板制造技术等。

5. 节能与环保用新型无机非金属材料制造技术

替代传统材料，可显著降低能源消耗的无污染节能材料制造技术；与新能源开发和利用相关的无机非金属材料制造技术；高透光新型透明陶瓷制造技术；环保用高性能多孔陶瓷材料制造技术；低辐射镀膜玻璃、多层膜结构玻璃及高强单片铯钾防火玻璃制造技术等。

（三）高分子材料

1. 高性能高分子结构材料的制备技术

高强度、耐高温、耐磨、超韧的高性能高分子结构材料的聚合物合成技术、分子设计技术、先进的改性技术等，包括特种工程塑料制备技术，具有特殊功能、特殊用途的高附加值热塑性树脂制备技术，关键的聚合物单体制备技术等。

2. 新型高分子功能材料的制备及应用技术

新型高分子功能材料的技术包括新化合物的合成、物理及化学改性等先进的加工成型技术；具有特殊功能、高附加值的特种高分子材料的应用技术。新型高分子功能材料包括光电信息高分子材料、液晶高分子材料、形状记忆高分子材料、高分子相变材料、高分子转光材料等。

3. 高分子材料的低成本高性能化技术

高分子化合物或新的复合材料的改性技术、共混技术，高刚性、高韧性、高电性、高耐热的聚合物合金或材料改性技术，具有特殊用途、高附加值的新型高分子材料改性技术等。以下普通材料除外：普通塑料的一般改性专用料；普通电线、电缆专用料；流延、吹塑、拉伸法生产的通用薄膜；普通管材、管件异型材；普通橡胶制品；以聚乙烯、聚丙烯为基材的降解材料；普通塑料板材等。

4. 新型橡胶的合成技术及橡胶新材料

新型橡胶的合成技术包括橡胶新品种的分子设计技术，接枝、共聚技术，卤化技术，充油、充炭黑技术等；橡胶新材料包括特种合成橡胶材料，新型橡胶功能材料及制品，重大的橡胶基复合新材料等。

5. 新型纤维材料

新型纤维技术包括成纤聚合物的接枝、共聚、改性及纺丝等新技术；新型纤维材料包括利用成纤聚合物制备的具有特殊性能或功能的纤维、高性能纤维产品、环境友好及可降解型纤维。服装面料、衬布、纱线，常规或性能仅略有改善的纤维及服装，常规的非织造布、涂层布或压层纺织品、一般功能性纤维产品等除外。

6. 环境友好型高分子材料的制备技术及高分子材料的循环再利用技术

以可再生的生物质为原料制备新型高分子材料的技术，全降解塑料制备技术，子午线轮胎翻新工艺，废弃橡胶循环再利用技术等。淀粉填充的不完全降解塑料及制品，单纯填充材料，废旧高分子直接回用、单纯降解塑料制品等除外。

7. 高分子材料的加工应用技术

采用现代橡胶加工设备和现代加工工艺的共混、改性、配方技术，高比强度、大型、外形结构复杂的热塑性塑料制备技术，大型先进的橡塑加工设备、高精密的橡塑设备制造技术，先进的模具设计和制造技术等。

（四）生物医用材料

1. 介入治疗器具材料

可降解血管内支架；减少血栓形成或再狭窄的表面涂层或改性的血管内支

架；具有特殊功能的非血管管腔支架；介入导管，包括经皮冠状动脉腔内血管成形术所用导管(导丝)等；介入栓塞式封堵器械及基栓塞剂等。一般性能的支架和导管(包括导丝)除外。

2. 心血管外科用新型生物材料及产品

材料编织的人工血管、生物复合型人工血管、人工心脏瓣膜或瓣膜成形环等。性能一般的单叶、双叶金属人工心脏瓣膜及传统生化改性技术处理的生物瓣膜或其他产品除外。

3. 骨科内置物

可降解固定材料，可降解人工骨移植材料，可生物降解的骨、神经修复生物活性材料等。一般性人工关节和骨科内固定材料除外。

4. 口腔材料

牙种植体、高耐磨复合树脂充填材料、非创伤性牙体修复材料、金属烤瓷制品、硅橡胶类印模材料等。一般的复合树脂充填材料、种植体、银汞合金、藻酸盐印模材料除外。

5. 组织工程用材料及产品

组织器官缺损修复用可降解材料；组织工程技术产品，包括组织工程骨、皮肤等；组织诱导性支架材料等。

6. 载体材料、控释系统用材料

生物活性物质载体材料、药物控释系统用材料等。

7. 专用手术器械及材料

微创外科器械、手术各科的专用或精细手术器械、外科手术灌洗液等。

（五）精细化学品

1. 电子化学品

集成电路和分立器件用化学品；印刷线路板生产和组装用化学品；显示器件用化学品，包括高分辨率光刻胶及配套化学品、印制电路板加工用化学品、超净高纯试剂及特种（电子）气体、先进的封装材料、彩色液晶显示器用化学品、研磨抛光用化学品等。

2. 新型催化剂

重要精细化学品合成催化剂，新型石油加工催化剂，新型生物催化技术及催化剂，环保用新型、高效催化剂，有机合成新型催化剂，聚烯烃用新型高效催化剂，催化剂载体用新材料及各种新型助催化材料等。

3. 新型橡塑助剂

新型环保型橡胶助剂，加工型助剂，新型、高效、复合橡塑助剂等。

4. 超细功能材料技术

采用最新粉体材料的结构、形态、尺寸控制技术，粒子表面处理和改性技术，高分散均匀复合技术等。常规的粉体材料除外。

5. 功能精细化学品

环境友好的新型水处理剂及其他高效水处理材料，新型造纸专用化学品，适用于保护性开采和提高石油采收率的新型油田化学品，新型表面活性剂，高性能、水性化功能涂料及助剂，新型纺织染整助剂，新型安全环保颜料和染料，高性能环境友好型皮革化学品等。以下产品除外：生物降解功能差或毒性大的表面活性剂；通用溶剂型涂料，通用水性建筑涂料及普通防锈涂料，低档涂料及助剂；普通打印墨水；低水平重复生产的精细化学品等。

五、高技术服务业

（一）共性技术

具有自主知识产权、面向行业特定需求的共性技术，包括行业共性技术标准研究、制定与推广业务、专利分析等。

（二）现代物流

现代物流技术包括具备自主知识产权的现代物流管理系统或平台技术，具备自主知识产权的供应链管理系统或平台技术等。

（三）集成电路

基于具有自主知识产权的集成电路的产品专有设计技术（含掩模版制作专有技术），为客户提供专业化的集成电路产品设计与掩模版制作服务；基于具有自主知识产权的集成电路的产品测试软、硬件技术，为客户的集成电路产品研发和生产提供测试服务；基于具有自主知识产权的集成电路的芯片加工及封装技术与生产设备，为客户提供封装加工服务等。双列直插、金属封装、陶瓷封装技术除外。

（四）业务流程外包

企业可依托行业，利用自有技术，为行业内其他企业提供有一定规模的、高度知识和技术密集型的服务；面向行业、产业以及政府的特定业务，基于自主知识产权的服务平台，为客户提供高度知识和技术密集型的业务整体解决方案等。

（五）文化创意产业支撑技术

具有自主知识产权的文化创意产业支撑技术包括终端播放技术、后台服务和运营管理平台支撑技术、内容制作技术（如虚拟现实、三维重构等）、移动通信服务技术等。仅仅对国外创意进行简单外包、简单模仿或简单离岸制造，既无知识产权，也无核心竞争力，产品内容有害青少年身心健康的除外。

（六）公共服务

有明显行业特色和广泛用户群基础的信息化共性服务，包括客户信息化规划咨询、信息化系统的运行维护、网络信息安全服务等。

（七）技术咨询服务

信息化系统咨询服务、方案设计、集成性规划等。

（八）精密复杂模具设计

设计企业应具备一定的信息化、数字化高端技术条件，为中小企业提供先进精密复杂模具设计服务（包括汽车等相关产品高精密模具设计等）。

（九）生物医药技术

生物医药技术可为生物、医药的研究提供符合国家新药研究规范的高水平的安全、有效、可控性评价服务，包括药物筛选与评价、药物质量标准的制定、杂质对照品的制备及标化；可为研究药物缓、控释等新型制剂提供先进的技术服务，如中试放大的技术服务等。

（十）工业设计

工业设计能够创造和发展产品或系统的概念和规格，使其功能、价值和外观达到最优化，同时满足用户与生产商的要求。

六、新能源及节能技术

（一）可再生清洁能源技术

1. 太阳能

（1）太阳能热利用技术

太阳能热利用技术包括新型高效、低成本的太阳能热水器技术，太阳能建筑一体化技术及热水器建筑模块技术，太阳能采暖和制冷技术，太阳能中高温（80～200 ℃）利用技术等。简单重复生产的产品除外。

（2）太阳能光伏发电技术

太阳能光伏发电技术包括高效、低成本晶体硅太阳光伏电池技术，如厚度 250 μm 以下的薄片电池；新型高效、低成本薄膜太阳能电池技术，如非晶硅薄膜电池、化合物薄膜电池、纳米染料电池、异质结太阳电池、有机太阳电池、低倍和高倍聚光太阳电池、第三代新型太阳电池等；并网光伏技术，如与建筑结合的光伏发电技术，大型（MW级以上）荒漠光伏电站技术，光伏建筑专用模块，并网逆变器，专用控制、监测系统，自动向日跟踪系统等；光伏发电综合利用技术，如太阳能照明产品（包括 LED 产品），太阳能制氢，太阳能水泵，太阳能空调，太阳能动力车、船，太阳能工业和通信电源，太阳能光伏村落和户用成套电源等。简单太阳电池组件的封装和低水平的重复性生产除外。

（3）太阳能热发电技术

高温（300～1 500 ℃）太阳能热发电技术，包括塔式热发电、槽式热发电、碟式热发电和菲涅尔透镜聚光式太阳能热发电等。

2. 风能

（1）1.5 MW 以上风力发电技术

适应中国气候、复杂地形条件的 1.5 MW 以上风力发电机组的总体设计、总装技术及关键部件的设计制造技术等。

（2）风电场配套技术

风资源评估分析、风电场设计和优化、风电场监视与控制、风电接入系统设计及电网稳定性分析、短期发电量预测及调度匹配、风电场平稳过渡及控制等技术。

3. 生物质能

（1）生物质发电关键技术及发电原料预处理技术

直燃（混燃）发电系统耦合技术；蒸气余热回收技术；热效率≥85%、燃烧过程不结渣、不产生新污染，具有广泛原料适应性的生物质直燃发电装置；能保证生物质在燃烧设备中充分燃烧的原料装卸、输送技术；能有效分离生物质中的腐蚀性物质的预处理技术等。

（2）生物质固体燃料致密加工成型技术

固体成型燃料的加工过程能耗低于 80 kW·h/t，成型燃料密度 $1 \sim 1.4$ g/cm^3，水分小于12%。加工过程机械化和自动化的生物质致密加工成型技术包括木质纤维碾切搭接技术，成型模板设计技术，一体化、可移动颗粒燃料生产设备的系统耦合技术等。

（3）生物质固体燃料高效燃烧技术

热效率 $\geqslant$ 85%、不结渣、废气符合排放标准的生物质固体燃料高效燃烧技术与装置等。

（4）生物质气化和液化技术

高转化率热解气化系统优化耦合及控制，可凝性有机物（如焦油）高效净化处理，生物质气化过程中液体、固体产品综合利用等的技术与装置。生物质气化效率 $\geqslant$ 70%，燃气热值 $\geqslant$ 5.0 MJ/m^3，燃气中可凝性有机物 $\leqslant$ 10 mg/m^3。

高效厌氧发酵、有机肥生产、无废水排放技术与装置，有机废弃物产气率 $\geqslant$ 200 L/kg；以流化床为基础的生物质热裂解、催化裂解提升液化产品热值技术与装置；生物质直接催化热裂解生产生物柴油技术与装置等。

（5）非粮生物液体燃料生产技术

非粮生物液体燃料包括非粮（糖）的甜高粱、薯类原料生产的乙醇，以及用非食用油原料生产的生物柴油。

甜高粱生产乙醇技术包括原料保存技术，高效产乙醇菌种的筛选与构建技术，快速固体发酵技术与机械化生产和自动化控制装置。低能耗的高粱秆榨汁、保存与发酵技术，发酵时间 $\leqslant$ 48 h，糖转化率 $\geqslant$ 92%，乙醇收率 $\geqslant$ 90%（相对于理论值），吨燃料乙醇能耗 $\leqslant$ 500 kg，水耗 $\leqslant$ 5 t，无废水排放。

薯类原料生产乙醇技术包括无蒸煮糖化技术、浓醪发酵技术、纤维素利用技术、废水处理技术。发酵时间 $\leqslant$ 60h，糖转化率 $\geqslant$ 95%，乙醇收率 $\geqslant$ 92%（相对于理论值），吨燃料乙醇能耗 $\leqslant$ 500 kg，水耗 $\leqslant$ 8 t，废水化学需氧量 $\leqslant$ 100 ppm。

非食用油原料生产的生物柴油技术包括超临界、亚临界、共溶剂、固体碱（酸）催化、酶催化等的技术与装置。生物柴油收率 $\geqslant$ 99.6%（相对于理论值），甘油纯度≥99%，吨生物柴油水耗≤0.35 t，能耗≤20 kg 标煤。

（6）大中型生物质能利用技术

生物质固体燃料致密加工成型设备能力≥500 kg/h，沼气装置日生产能力≥1 000 m³，甜高粱燃料乙醇厂生产能力≥5 万吨/年，薯类燃料乙醇厂生产能力≥10 万吨/年，生物柴油厂生产能力≥3 万吨/年。

4. 地热能利用

高温地热能发电和地热能综合利用技术，包括地热采暖，地热工业加工，地热供热水，地热养殖、种植，地热洗浴、医疗，以及利用地源热泵实现采暖、空调的技术。

（二）核能及氢能

1. 核能技术

百万千瓦级先进压水堆核电站关键技术，铀浓缩技术及关键设备，高性能燃料零件技术，铀钚混合氧化物燃料技术，先进乏燃料后处理技术，核辐射安全与监测技术，放射性废物处理和处置技术，快中子堆和高温气冷堆核电站技术。

2. 氢能技术

天然气制氢技术，化工、冶金副产煤气制氢技术，低成本电解水制氢技术，生物质制氢、微生物制氢技术，金属贮氢、高压容器贮氢、化合物贮氢技术，氢加注设备和加氢站技术，超高纯度氢的制备技术，以氢为燃料的发动机与发电系统等。

（三）新型高效能量转换与储存技术

1. 新型动力电池（组）、高性能电池（组）

已有研究工作基础并可实现中试或产业化生产的动力电池（组）、高性能电池（组）和相关技术产品的研究，包括镍氢电池（组）与相关产品，锂离子动力电池（组）与相关产品，新型高容量、高功率电池与相关产品，电池管理系统，动力电池高性价比关键材料等。

2. 燃料电池、热电转换技术

小型燃料电池的关键部件及相关产品，醇类燃料电池的关键部件，实现热电转换技术的关键部件及其相关产品等。

（四）高效节能技术

1. 钢铁企业低热值煤气发电技术

钢铁企业余压、余热、余能回收利用关键技术，包括高炉煤气余压能量回收透平发电技术、低热值煤气燃气轮机联合循环发电技术等。

2. 蓄热式燃烧技术

工业炉窑和电站、民用锅炉的高效蓄热式燃烧技术等。

3. 低温余热发电技术

水泥、冶金、石油化工等行业低温余热蒸气发电关键技术等。

4. 废弃燃气发电技术

沼气、煤层气、高炉煤气、焦炉尾气等工业废弃燃气发电关键技术等。高热值燃气发电技术及产品除外。

5. 蒸气余压、余热、余能回收利用技术

冷凝水、低参数蒸气等回收利用新技术等。

6. 输配电系统优化技术

电能质量优化（包括动态谐波治理、无功功率补偿等）新技术，电网优化运行分析、设计、管理（包括企业电网优化配置、用电设备功率合理分配等）软件及硬件新技术等。

7. 高温热泵技术

地源、水源、空气源、太阳能复合式等高温热泵技术；空调冷凝热回收利用等技术。

8. 蓄冷蓄热技术

用于剩余能量储存的新技术，包括与之相关的转化、移送、利用等方面的新技术。

9. 能源系统管理、优化与控制技术

工业、建筑领域的能量系统优化设计、能源审计、优化控制、优化运行管理软件技术等，特别是能量系统节能综合优化技术。

10. 节能监测技术

自动化、智能化、网络化、功能全、测量范围广、适应性强的能源测量、记录和节能检测新技术等。

11. 节能检测与节能效果确认技术

工业、建筑领域节能改造项目节能检测与节能效果确认软件技术等。

七、资源与环境技术

（一）水污染控制技术

1. 城镇污水处理技术

城市污水生物处理新技术及生物与化学联合处理技术；中、小城镇生活污水低能耗处理技术；村镇生活污水、村镇小型源分离处理技术；低能耗生活污水处理技术等。

2. 工业废水处理技术

有毒难降解工业废水处理技术，有毒有害化工和放射性废水处理技术，湿式催化氧化技术；重金属废水集成化处理和回收技术与成套装置，煤化工等行业高氨氮废水处理技术与装置，固定化微生物高效脱氮技术；采油废水处理及回注，高含盐废水处理工艺与技术；高浓度工业有机废水处理工艺与技术；高效水处理药剂的研制，新型复合型絮凝剂处理高浓度、高色度印染废水技术等。

3. 城市和工业节水和废水资源化技术

生产过程工业冷却水重复利用技术；管网水质在线检测和防漏技术；各类工业废水深度处理回用集成技术；工业、城市废水处理中污泥的处理、处置和资源化技术等。

4. 面源水污染的控制技术

规模化农业面源污染控制技术及生态处理技术；水产养殖水循环利用和污染控制技术；畜禽养殖场废水厌氧处理沼气高效利用技术等。

5. 雨水、海水、苦咸水利用技术

雨水收集利用与回渗技术与装置，苦咸水淡化技术；海水膜法低成本淡化技术及关键材料，规模化海水淡化技术；海水、卤水直接利用及综合利用技术。

6. 饮用水安全保障技术

灵敏、快速水质在线检测技术；饮用水有机物的高级催化氧化技术，高效膜过滤技术，安全消毒技术，高效控藻、除藻和藻毒素去除技术；饮用水有机物高效吸附剂、高效混凝剂及强化混凝技术；农村饮用水除氟、除砷技术，边远地区和农村饮用水安全消毒小型设备和技术。

（二）大气污染控制技术

1. 煤燃烧污染防治技术

高效低耗烟气脱硫、脱硝技术；燃煤电厂烟气脱硫技术及副产品综合利用技术，烟气脱硫关键技术，烟气脱硝选择性催化还原技术；煤化工转化过程中的废气污染防治技术；高效长寿命除尘技术等。

2. 机动车排放控制技术

机动车控制用高性能蜂窝载体汽车净化技术；满足欧Ⅲ、Ⅳ标准的柴油车净化技术；颗粒物捕集器及再生技术；催化氧化与还原技术；满足欧Ⅱ、Ⅲ标准的摩托车净化技术等。

3. 工业可挥发性有机污染物防治技术

高效长寿命的吸附材料和吸附回收装置；高效低耗催化材料与燃烧装置；低浓度污染物的高效吸附－催化技术及联合燃烧装置；恶臭废气的捕集与防治技术；油气回收分离技术；针对油库、加油站油气的挥发性有机化合物控制技术等。

4. 局部环境空气质量提高与污染防治技术

城市公共设施空气环境的消毒杀菌、除尘、净化和提高空气氧含量的技术等。

5. 其他重污染行业空气污染防治技术

高性能除尘滤料和高性能电袋组合式除尘技术；特殊行业工业排放的有毒有害废气、恶臭气体的控制技术；工业排放温室气体的减排技术，碳减排及碳转化利用技术等。

（三）固体废弃物的处理与综合利用技术

1. 危险固体废弃物的处置技术

危险废物高效焚烧技术，焚烧渣、飞灰熔融技术；危险废物安全填埋处置技术，危险废物固化技术；医疗废物收运、高温消毒处理技术；有害化学品处理技术，放射性废物处理与整备技术与装备；电子废物处置、回收和再利用技术等。

2. 工业固体废弃物的资源综合利用技术

利用工业固体废弃物生产复合材料、尾矿微晶玻璃、轻质建材、地膜、水泥替代物、工程结构制品等技术；电厂粉煤灰及煤矿矸石、冶金废渣等废弃物的资源回收与综合利用技术；废弃物资源化处理技术。

3. 有机固体废物的处理和资源化技术

利用农作物秸秆等废弃植物纤维生产复合板材及其他建材制品的技术；有机垃圾破碎、分选等预处理技术；填埋物气体回收利用技术；填埋场高效防渗技术；小城镇垃圾处理适用技术。

（四）环境监测技术

1. 在线连续自动监测技术

在线连续自动监测系统有环境空气质量自动监测系统，主要监测粉尘、细颗粒物、二氧化硫、氮氧化物、酸沉降、沙尘、机动车排气等方面的数值；地表水水质自动监测系统，主要监测化学需氧量、余氯、氨氮、石油类、挥发酚、微量有机污染物、总氮、总磷等方面的数值；污染源自动监测系统，主要监测傅立叶红外测量烟气污染物、烟气含湿量、砷、总铅、总锌、氰化物、氟化物等方面的数值。自动监测技术主要有大气中超细颗粒物、有机污染物等采样分析技术等。

2. 应急监测技术

便携式现场快速测定技术，危险废物特性鉴别、环境监控及灾害预警技术；移动式应急环境监测技术（便携式快速有毒有害气体监测仪及测试组件，便携式水质监测仪与测试组件，便携式工业危险物、重金属、有毒有害化合物的快速监测专用仪器及系统）；应急安全供水技术；应急处理火灾、泄漏造成的环境污染技术等。

3. 生态环境监测技术

海洋环境监测技术，环境遥感监测技术，脆弱生态资源环境监控及灾害预警技术，多物种生物在线检测技术，水中微量有机污染物的富集技术，持久性有机污染物采样、分析技术等。

（五）生态环境建设与保护技术

水土流失防治技术，沙漠化防治技术，天然林保护、植被恢复和重建技术，林草综合加工技术；湿地保护、恢复与利用及监测技术，矿山生态恢复、污染土壤修复、非点源污染控制技术；持久性有机污染物替代技术；国家生物多样性预警监测和评价技术，系统生态功能区恢复与重建技术。

（六）清洁生产与循环经济技术

1. 重点行业污染减排和"零排放"关键技术

电镀、皮革、酿造、化工、冶金、造纸、钢铁、电子等行业污染减排关键技术；上述行业工艺过程中废气、废水、废物资源化回收利用技术等。

2. 污水和固体废物回收利用技术

污水深度处理安全消毒和高值利用技术，城市景观水深度脱氮除磷处理技术，矿产废渣资源化利用技术，工业无机、有机固体废物资源化处理技术等。

3. 清洁生产关键技术

煤洁净燃烧、能量梯级利用技术，有毒有害原材料、破坏臭氧层物质替代技术等。

4. 绿色制造关键技术

绿色基础材料及其制备技术，高效、节能、环保和可循环的新型制造工艺，机电产品表面修复和再制造技术，绿色制造技术在产品开发、加工制造、销售服务及回收利用等产品全生命周期中的应用等。

（七）资源高效开发与综合利用技术

1. 提高资源回收利用率的采矿、选矿技术

复杂难采矿床规模化开采及开发利用产业化技术，复杂多金属矿高效分离技术，难处理氧化矿高效分离与提取技术，多金属硫化矿电化学控制浮选技术，就地浸矿及生物提取技术，采选过程智能控制及信息化技术等。

2. 共、伴生矿产的分选提取技术

综合回收共、伴生矿物的联合选矿技术，共、伴生非金属矿物的回收深加工技术，伴生稀贵金属元素富集提取分离技术等。

3. 极低品位资源和尾矿资源综合利用技术

极低品位、难选冶金属矿有价金属综合回收利用技术，大用量、低成本、高附加值尾矿微晶玻璃技术，尾矿中有价元素综合回收技术等。一些常规的污染控制技术除外，如常规工艺技术装备组合的水处理技术，城市混合垃圾和畜禽粪便制肥技术，20吨以下的锅炉脱硫除尘技术，油烟净化技术（吸附、静电、喷淋），技术含量低的用工业废物制造建材项目，一次性餐具及相关材料技术，未经安全评价的用于治理环境污染的生物菌剂技术，室内空气净化及常规消毒技术。

八、高新技术改造传统产业

（一）工业生产过程控制系统

1. 现场总线及工业以太网技术

现场总线及工业以太网技术应符合国际、国内自动化行业普遍采用的主流技术标准。

2. 可编程逻辑控制器（PLC）

主要包括符合 IEC61131 标准、可靠性高、具有新技术特点的 PLC 技术；集成了嵌入式系统、单片机、数模混合等新技术成果的 PLC 技术等。以 OEM 方式集成的 PLC 产品除外。

3. 基于个人计算机（PC）的控制系统

由"工业 PC 机 + 软逻辑"、PLC、现场总线及工业以太网、其他现场设备组成的分布式控制系统等。

4. 新一代的工业控制计算机

新一代的工业控制计算机面向图形操作系统和应用要求，能够解决处理器和显示设备瓶颈问题，采用地址、数据多路复用的高性能 32 位和 64 位总线技术，具有在不关闭系统的情况下"即插即用"的功能。

（二）高性能、智能化仪器仪表

1. 新型自动化仪表技术

新型自动化仪表技术适用于实时在线分析、新型现场控制系统、电网控制系统、基于工业控制计算机和可编程控制的开放式控制系统和特种测控装备，能满足重大工程项目在智能化、高精度、高可靠性、大量程、耐腐蚀、全密封和防爆等方面的特殊要求。一般传统的流量、温度、物位、压力计或变送器除外。

2. 面向行业的专用传感器技术

面向行业的专用传感器技术与重大工程配套，采用新工艺、新结构，具有高稳定性、高可靠性、高精度、智能化的特点。

3. 新型传感器技术

阵列传感器、多维传感器、复合型传感器、直接输出数字量或频率量的新型敏感器，以及采用新传感转换原理的新型传感器等。采用传统工艺且性能没有显著提高的传感器(包括采用热电偶、热电阻、电位器、电容、电感、差动变压器、电涡流、应变、压电、磁电等原理制成的传感器)除外。

4. 科学分析仪器、检测仪器技术

等离子光谱仪、近红外光谱仪、非制冷红外焦平面热像仪、微型专用色谱仪；特定领域的专用仪器，包括农业技术品质和食品营养成分检测仪、农药残留量检测仪、土壤速测仪等农业和食品专用仪器；海洋仪器；大气、水和固体废弃物安全监测和预警等方面的专用仪器，各种灾害监测仪器；生命科学用分离分析仪器等。传统的气相色谱仪除外。

5. 精确制造中的测控仪器技术

利用该技术的有网络化、协同化、开放型的测控系统，精密成形制造及超精密加工制造中的测控仪器仪表，亚微米到纳米级制造中的测控仪器仪表，制造过程中的无损检测仪器仪表，激光加工中的测控仪器仪表等。

（三）先进制造技术

1. 先进制造系统及数控加工技术

具有先进制造技术和制造工艺的单元设备、制造系统，包括复合加工、组合加工、绿色制造、快速制造、微米/纳米制造等相关装备和系统，数字化设计制造系统，现代集成制造系统应用软件、平台及工具，生产计划与实时优化调度系统，虚拟制造技术，网络制造系统等。低附加值的和低技术含量的零部件加工技术除外。

2. 机器人技术

新一代工业机器人，如服务机器人、医疗机器人、水切割机器人、激光切割机器人。制造工厂的仓储物流设备，如机器人周边设备。机器人技术，如开放式机器人控制技术、虚拟现实技术、机器人伺服驱动技术、基于机器人的自动加工成套技术、信息机器人技术等。性能和结构一般的没有知识产权的普通机器人除外。

3. 激光加工技术

激光切割加工技术、激光焊接加工技术、材料激光表面改性处理技术、激光雕刻技术、激光三维制造技术，以及激光发生器制造和控制技术等。

4. 电力电子技术

利用电力电子技术包括具有节能、高效、良好的控制性能的应用系统；大容量化、高频化、智能化、小功率器件芯片方片化的电力半导体器件；多功能化、智能控制化、绿色环保化的模块；面向工业设备、物流系统、城市交通系统、信息与自动化系统等的高性能特种电机等。性能一般的电源变换产品除外。

5. 纺织及轻工行业专用设备技术

具体应用包括采用高精度驱动、智能化控制、高可靠性技术等开发的纺织机械专用配套部件；建立在计算机及网络技术应用基础上的在线检测控制系统和高性能的产品检测仪器；以控制、计量、检测、调整为一体的、带有闭环控制的环保型包装机械，袋成型、充填、封口设备，无菌包装设备；具有辅助操作自动化和联机自动化特点的柔性版印刷、防伪印刷、条形码印刷的设备；精密型注塑机、精密挤出成型及复合挤出成型装备等。性能一般的普通纺织机械、性能一般的包装机械及柔性版印刷机、卷筒进料多色凹版印刷机、不干胶商标印刷机除外。

（四）新型机械

1. 机械基础件及模具技术

机械基础件包括数控机床等重点主机配套用精密轴承，高性能、高可靠性、长寿命液压、气动控制元件。模具主要有精密、复杂、长寿命塑料模具及冲压模具等。常规通用工艺技术，性能、结构、精度、寿命一般的普通机械基础件、普通塑料模具和冷冲压模具除外。

2. 通用机械和新型机械

主要技术包括采用新原理，在功能、结构上有重大创新的新型阀门技术和新型泵技术；有核心专利技术或自主知识产权，利用新传动原理、新机械结构和新加工工艺的新型机械技术等。性能一般的各类普通泵和阀门除外。

（五）电力系统信息化与自动化技术

1. 采用新型原理、新型元器件的电力自动化装置

采用新型原理、新型元器件和计算机技术，用于电力生产、输送和供用电各环节的自动化装置，包括发电机组新型励磁装置和调速装置，新型安全监控装置和采用新技术的电网监测、控制装置等，其可明显提高系统的可靠性、提高生产效率、保证系统安全和供电的质量。

2. 采用数字化、信息化技术，提高设备性能及自动化水平的技术

采用数字化和信息化技术，符合国际标准、具有开放性和通用性、高精度和

高可靠的新型装置，包括采用现场总线技术、具有综合状态检测功能的智能化开关柜；具有控制、保护和监测功能的数字化、智能化、集成化和网络化的终端装置；电力设备在线数字化状态检测与监控装置；电能质量检测、控制与综合治理装置；基于IEC61850通信协议的变电站综合自动化系统；采用虚拟仪器技术的电力系统用仪器设备；用于新型电能系统的连续、高效、安全、可靠的发、输、配电设备中的新装置等。

3. 电力系统应用软件

与发电、变电、输电、配电和用电各领域有关的控制、调度、管理和故障诊断等方面的高级应用软件，可提高电力系统和电力设备的自动化水平、保障设备安全经济运行、提高设备效率及管理水平。电力系统应用软件包括电力系统优化控制软件，新型输配电在线安全监控及决策软件，电力系统调度自动化软件，电力设备管理及状态检修软件，继电保护信息管理及故障诊断专家系统软件，电力建设工程项目管理软件，节能运行管理专家系统软件，用电管理软件，电能质量在线评估、仿真分析软件等。

4. 用于输配电系统和企业的新型节电装置

采用新原理、新技术和新型元器件，能够补偿无功功率、提高功率因数、减少电能损耗、改善电能质量的新型节电装置，包括用于企业的新型节电装置，用于企业的节能、节电控制装置及其综合管理系统，用于输配电系统的先进无功功率控制装置，以及区域的在线动态谐波治理装置等。传统的高、低压开关设备，常规的发、供、配电设备除外。

（六）汽车行业相关技术

1. 汽车发动机零部件技术

用于乘用车汽油机、乘用车柴油机、商用车柴油机等，具有自主知识产权的先进汽车发动机零部件技术，包括汽油机电控燃油喷射技术、稀薄燃烧技术、可变进气技术、增压技术、排气净化技术；柴油机电控高压喷射技术、增压中冷技术、排气净化技术，新型代用燃料发动机技术；新型混合动力驱动系统技术；新型电动驱动系统技术；氢发动机技术、燃料电池动力系统技术；新型动力电池组合技术等。

2. 汽车关键零部件技术

具有自主知识产权的新型汽车关键零部件，包括传动系统、制动系统、转向系统、悬挂系统、车身附件、汽车电气、进排气系统、新型混合动力传动系统、新型纯电动传动系统、新型代用燃料发动机转换器、新型动力电池等。

3. 汽车电子技术

汽车电子控制系统，包括车身稳定系统、悬架控制系统、驱动力分配系统、制动力分配系统、制动防抱死系统、自动避障系统、自动停车系统、车载故障诊断系统、车身总线系统、智能防盗系统等。

4. 汽车零部件前端技术

新能源汽车的配套零部件技术，包括混合动力系统技术、燃料电池动力系统技术、氢发动机技术、合成燃料技术等。

第二章 高新技术的主要特征

20世纪70年代以来一批新技术的涌现，使得科学与技术之间原有界限不再明显，到20世纪80年代这批技术被称为高技术，由于它们与科学技术融为一体，所以在汉语中又常常称其为"高科技"。其实这是错误的说法，科学没有高低之分，只能说正确与错误，唯有技术才能说高低。得到各国公认并列入21世纪重点研究开发的高技术领域有信息技术、生命技术、新能源与可再生能源技术、新材料技术、空间技术、海洋技术等。

与新兴技术、尖端技术不同，高技术并不是指技术本身，而是对产业和产品中技术的含量及水平的评价。某些产业或产品，其中技术所占的比例超过一定标准时，就称其为高技术产业或高技术产品，因此，高技术实际上是高技术产业或高技术产品的代称，它存在于新兴和传统的所有产业和产品领域。由于高技术具有不定型性和发展变化快等特点，人们在什么是高技术的问题上往往会有不同看法。有的人认为，高技术指的是那些科学和工程的技艺、能力同其他工业技术相比，高于平均水平，而且具有发展速度快的特点的工业技术。有人认为，高技术就是"尖端技术""先导技术""未来技术"等，以这类技术形成的产业具有以下五高的特点：高成长率，即发展速度快；高利润，即附加价值高；高风险率，即淘汰率高，如计算机硬件设计淘汰率为97%，软件成活率只有12.5%～17%；高变化率，即更新换代期限短；高知识水平，指职工知识水平高，领导者组织管理能力高。仅从这几点出发，有人把知识密集型产业称为高技术产业。他们认为，高技术产业要求有1/3的劳动力是大学毕业的，其中一半以上应是工科毕业生，另外还要求有1/3的劳动力具有中专水平。

实际上，在过去的不同时期，高技术有着不同的含义。在30年前，人们把飞机制造、航空技术看作高技术；而在中国清朝末年的洋务运动时期，人们则认为军火工业是高技术行业。第二次世界大战以来，科学技术迅猛发展，社会经济的各个角落无不受到冲击，人们对高技术的认识也随之改变。

应该指出的是，处于科学技术最前沿的技术，并不仅仅局限于造就几个新产业，发展出若干新产品，其也使传统工业展现新的面貌。传统产业的高技术化(如机电一体化、生物技术用于农业等)在世界各国的经济发展中，具有非常重要的意义。

有别于传统技术的特点，新技术在其形成早期，就表现出与众不同的显著特征。因此国内外学者在总结研究的基础上，将其归纳为以下两点。第一是新技术的不确定性特征。新技术的不确定性特征集中体现在技术、商业、市场、管理等内容的不确定。第二是新技术的创造性毁灭特征。新技术的创造性毁灭特征表现在新技术对所处行业市场的变革性影响使得新技术有可能改变一个传统行业乃至创造一个新行业，改变原有的市场规则，对企业的价值链重组产生促进作用。

高新技术产业是以电子和信息类产业为"龙头"的产业，产品的科技含量很高，产品更新换代快。高新技术产业区的从业人员中，科技人员所占的比重大。我国高新技术产业区多依附于大城市，分布呈现出大分散、小集中的特点。销售收入中，用于研究与开发的费用比例大。

新形势下，一些以数字化、网络化、智能化为特征的高新技术产业正在蓬勃发展。高新技术产业，通常指在企业的生产经营过程中，用来进行研究与开发的投入资金数额较大，并且需要足够的科技专业人才来对创新产品及其技术进行开发或是研究的产业。高新技术产业与传统技术产业相比有许多不同之处，以下主要对其特点进行分析与总结，并有针对性地进行建议补充，以促进其更好地发展。

一、高投入性

高新技术产业一般要对新时代下的新型产品进行研发和实验，在这一过程中会涉及专业的技术设备，因此需要投入大量研究资金，并且伴随着技术难度的增加，需要投入越来越多的资金。如果没有大量资金的投入，想要让高新技术产业获得蓬勃发展基本不可能。据相关数据统计，高新技术产业的研发投入资金比例一般在15%以上，最高可以达到50%，如果将研发的最终结果转变成市场中的物品，所需要投入的资金又几乎是研发时所投入资金的数倍。

二、高技术人才密集性

与传统产业比较，高新技术产业指的是在知识与技术两方面都较为密集的产业，其中主要包含了知识、技术等要素，新形势下，伴随新技术的快速崛起，人工智能以及云计算等技术发展迅速，这样就必须有大量的高技术人才作为支撑力量。高技术人才需要根据自身拥有的专业知识，对技术、科技信息等多种要素进行有机融合。从组成高新技术产业的人员进行分析，占据最高比例的是负责产品开发及研究的技术人员，因此，高新技术产业中起主导作用的及核心部分都是高技术人才。

三、高创新性

新技术创新性突出。新兴技术一般会对社会经济生活产生重大影响。新技术是一种不连续性创新，建立在全新的知识学科基础上或者融合了多学科知识，不但会对企业本身带来巨大影响，同时也会给社会的经济生活带来创新性的变革。

在过往形势中，许多高新技术产业还需要依靠劳动力等初级的要素成本进行发展，整体经济水平也有待提升，但随着近年来政策上的不断完善，高新技术产业已经升级为依靠技术、供应链、创新等高级要素进行提升，高新技术产业也被越来越多的人重视，因此其必须保持着竞争的优势。首先，树立创新意识，作为高新技术产业，如果不创新就可能会被其他产业取代甚至被淘汰。其次，对产品的技术要进行创新，除了对原本技术的运用外，还要进行创新和完善。最后，在高新技术的制度中，需要不断寻求新的组织架构以及激励制度，以此来找出最适合产业生存和发展的制度。总之，高新技术产业需要不断对产品、技术等进行创新，以满足市场的变化。

四、高成长性

新技术发展速度快，影响程度深远。现阶段，科学技术已然成为推动社会发展的有力因素。特别是新技术和高新技术，其发展迅猛，对社会贡献巨大。新技术的普遍性和其为民众带来的巨大作用使得新技术日益充斥人们生活的每一个角落，新技术注定成为推动社会进步的变革性力量。

在过往形势中，高新技术产业没有宽广的发展空间，很容易停滞不前。随着新时代下网络数据的发展以及市场资源的配置得到优化，高新技术产业的发展拥有了较大的空间，如果其所创新的产品具有独特的优点，得到市场的认可，获得一定奖励，那么其所获得的专利技术会给企业带来巨大的市场竞争优势，产品的回报会是其初始投资的几十倍甚至是几百倍,企业将获得非常大的经济利润。由此可知,高新技术产业的发展具有一定的跳跃性,某一企业可能在很短时间内因为某些契机就能迅速成长,成为具有一定竞争力的大企业。

五、复杂性和高模糊性

一般情况下,新技术的研发通常是以很多研究领域为基础的,有的新技术是新兴技术与传统行业的结合,有的新技术是几个完全不相干学科行业的交叉融合,因此其复杂性可见一斑。从新技术演化的 S 曲线上很难看出演进方向,同时新技术演化规律的难以捉摸以及不甚明朗的发展态势,决定了新技术具有高模糊性。

六、高不确定性

新技术的不确定性主要表现在以下三个方面。

一是技术研发的不确定性。新技术在进入市场前主要经历实验室研发阶段、技术执行阶段及成果转化阶段,在以上提及的技术成果转化过程中,不确定性因素有技术研发最终是否会成功、技术研发成功所需时间、技术成果转化是否能最终取得商业价值这三个。

二是市场状况的不确定性。新技术所处的市场环境中,市场的需求会因为技术快速地更新换代而相应变化,这种不确定使得满足市场需求也成为新技术研发的一个主要目标。另外市场对新兴技术的需求偏好、产品的市场接受程度、产品的价格等也是影响市场状况的重要因素。

三是管理的不确定性。高度不确定性和变化、管理人员或用户不同的偏好、进行成果转化的企业在确定前期研发投入时应如何决策、研发过程中应注意哪些方面的因素,都对企业的管理者提出了巨大的挑战。基于新技术自身的不确定性和市场状况的不确定性,企业管理新技术成果转化项目需要全新的思路、方法和技巧。

第三章 高新技术成果转化

高新技术的发展自始至终都离不开成果转化的孕育和催化，无论是蒸汽时代还是当下的智能物联网时代，技术及技术的升级越来越成为商业发展的引致需求。伴随着国际分工的全面纵深发展，国家间竞争实力的较量由传统的资源禀赋优势比较，演变为以人才、科技实力、创新模式等为主要因素的较量，而衡量后者的一个重要指标就是科技成果转化率。尽管有些学者认为我国科研部门依据价值导向衡量的成果转化水平并不低，与欧美发达国家相比并没有太大差距，这与传统的文献研究认为我国科技成果转化率较低的"共识"相悖，但从成果转化导向及来自风险投资公司的成功案例角度来看，目前我国与其他发达经济体之间仍然有一定差距。2016年国家创新战略的颁布和实施，有关科技成果的成果转化模式研究自然成了科技从业者及各级政府政策制定者讨论的热点。

高新技术的成果转化过程中所涉及的"横向维度"非常多，与微观经济学所研究的诸多"纵向维度"相比，"横向维度"更多关注的是产业层面上的研究对象。进一步理解，高新技术成果转化过程是一种系统控制过程中的宏观和中观管理学实践，涉及政府产业政策、技术立项与开发、公司化、金融化及后续产业化等子过程，具体方法涉及技术本身、金融经济学、管理学、信息论等领域。下面将从"横向维度"进行分析研究，归纳出高新技术成果转化过程中一般意义上的成果转化模式，并通过比较两种实践路径分析成果转化模式的具体内涵。

第一节 高新技术成果转化进展

高新技术的成果转化研究最早始于熊彼特1912年提出的自成体系的创新技术理论，但有关早期技术准备及评估研究是从20世纪80年代末美国国家航空航天局（NASA）的新技术研究政策开始的，萨丁布在有关NASA新技术开发战略的论文中首次提出"准备级别"概念，曼金斯在前人研究的基础上进行补充和完

第三章 高新技术成果转化

善，将其划分为9个技术准备等级，用于NASA新太空战略技术开发研究，随后，美国总会计师事务所于20世纪90年代末将该标准应用于审查美国国防部外购武器中的相关技术。欧洲航天局（ESA）也于2008年开始采用这一标准用于评估相关太空技术开发研究，但其更多是一种技术准备评估工具，被广泛应用于其他民用高新技术的评估与开发过程中。有别于NASA及ESA所采用的标准应用于技术垂直转移研究，在技术跨市场的横向转移方面，格罗塞认为国际技术是通过培训和专家流动实现横向转移的，公司的规模越大且国际化程度越高，相关技术转移越活跃。

近年来，国内有关技术的成果转化模式研究集中在创新模式、科研成果转化方法和途径、转化效率和企业的成果转化治理等方面。首先，在成果转化模式研究方面，许胜江从系统论角度出发，通过整合风险投资过程和非风险投资过程，提出了由初步成果转化阶段和持续成果转化阶段构成的高科技成果转化的一般过程模型，并与斯帕诺斯的竞争优势综合概念框架模型进行比较，建立了相协调的对应关系。彭小宝等列举分析了中小企业进行开放式创新成果转化的四种典型模式，以及如何在资源丰裕度和环境不确定性影响下选择合适的成果转化模式。其次，在技术成果转化的效率研究方面，贺伟等通过研究一体化、转让者和授权者三种成果转化途径发现，企业研发的成果转化能力强弱在很大程度上影响着研发的收益。张明喜等借鉴国际经验构建了科技成果转化绩效评价体系，运用数据包络分析法对我国30个省份科技成果转化效率进行实证研究。龙镇辉等提出科技成果证券化、运用科技金融工具及发行科技成果虚拟股份等方法，促进我国科技成果的转化。李律成等从国家主体科技计划成果转化问题及原因分析入手，建议形成政府引导、平台共享、专业化服务的科技成果转化推进机制。最后，在高新技术成果转化后的企业治理方面，夏光华提出企业三个剖面和六维空间子策略治理框架，通过构建3S-6S模型来提高高新技术企业内部治理效率，作为一种问题研究与分析方法，该模型也是一个评估管理层经营绩效的量化管理工具。

综上所述，除了NASA对技术准备进行逻辑上的界定之外，现有研究并没有对高新技术成果的商业转化过程中的各个阶段进行清晰定义，以及将这一过程中的所有利益相关者（如政府、研究者个人、企业、金融机构等）放在一个系统中进行整体考察研究。本书在前人研究的基础上进行相关归纳，构建高新技术成果转化模式的理论框架，为创新项目的商业转化实践和政策制定者提供理论基础。

第二节　我国科技成果转化的现状

目前，高校与科研院所依然存在"重论文轻转化"的现象，科研成果评价体系与科研经费管理制度仍不完善。尽管科研人员奖酬比例不断提高，但是整体成果转化率并没有明显提高。可见，成果转化的核心问题并不在于奖酬比例，而在于完善科技成果转化管理体系，打造专业化的科研管理人员与技术经理人队伍。

《2017年高等学校科技统计资料汇编》显示，全国各类高校当年专利申请数合计229 458件，专利出售合同数为4 803件，转让比例仅为2.1%；《2018年中国专利调查报告》表明，50.8%的科研院所的科技成果转化率低于10%。由此可见，高校与科研院所科技成果的有效供给局面尚未形成。

问题主要集中在三个方面：一是高校与科研院所管理考核体系仍以教学科研为指挥棒，缺乏成果转化考核；二是重视有研发成果的科研人员，奖酬较高，忽视成果转化的其他主体，没有激励，如科研管理人员和技术经理人，影响其作用的发挥；三是高校、科研院所与企业之间没有建立成熟的技术合作渠道与平台机制，合作效率较低。

第三节　高新技术成果转化模式及内涵

根据高新技术成果转化的研究对象和维度的差异，成果转化模式分析的侧重点也不同，下面从三个不同角度来剖析高新技术的成果转化模式（见图3-1）。

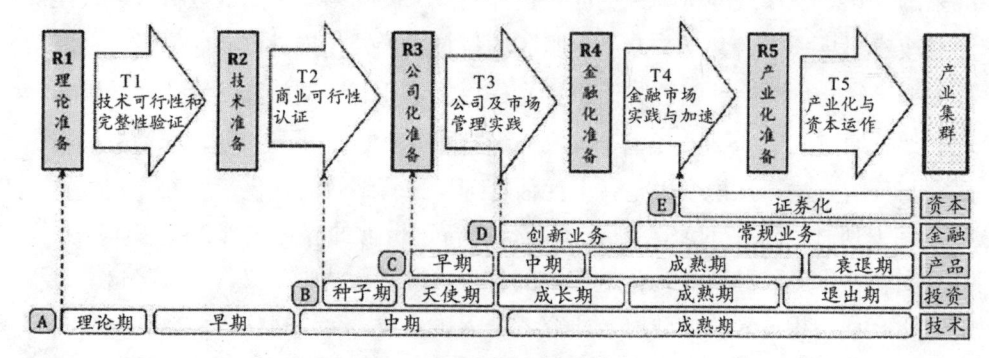

图3-1　高新技术转移转化过程

首先，从成果转化过程的前置条件分析，成果转化过程由理论准备（R1）、技术准备（R2）、公司化准备（R3）、金融化准备（R4）和产业化准备（R5）五个部分构成；其次，从成果转化过程中的具体实践内容来看，成果转化过程分为技术可行性和完整性验证（T1）、商业可行性认证（T2）、公司及市场管理实践（T3）、金融市场实践与加速（T4）和产业化与资本运作（T5）五个方面；最后，从商业过程中的相关维度出发进行分析，整个过程涉及技术生命周期（A）、风险投资周期（B）、产品生命周期（C）、传统金融及服务期（D）和资本运作期（E）五个维度。

一、成果转化过程中的条件准备

所谓条件准备，就是在实施中遵从一定的逻辑性条件情况下，从共性角度研究并总结技术从立项、研究、验证到产业化过程中的关键性的前置因素和不可忽略的节点，具体分析如下。

（一）理论准备

理论准备主要指产品所涉及的基础理论和相关认知符合技术化的要求且完备。顾名思义，某项技术从最早期的原理研究开始，会涉及众多前置知识和关键原理的实现或验证，如海水淡化工程中反渗透膜法及原理、芯片工业中的复杂电路设计原理及工艺中的光刻技术等，这些都影响着后续的技术研发和产品层面的设计。理论准备是一项复杂的工作，需要前沿科学家从早期的设想开始介入。在这一阶段，政府起关键作用，与过去蒸汽机和电器时代的市场自发行为推动的重大原理验证不一样，信息革命后，市场推动重大理论有所突破非常艰难，主要原因有两点：一是市场难以在早期孵化和聚集协作分明的高智力团队，二是市场现有主体没法为一项浩瀚的基础理论研究提供无上限的科研经费。现在虽然有很多巨型科技公司成立了未来理论实验室和创新中心，但从基础理论研究的创新突破上来看，都没法将其所涉足领域中的基础理论在有限的时间内向前推动一大步。这一阶段，政府以国家的名义成为理论创新和前置条件准备的主导者。

（二）技术准备

技术准备，即为生产产品研究需要的前置技术和专用技术。在第一阶段的基础理论被完全证实的基础上，进行实质性的技术研究与开发，如核心算法、配方、关键结构和模型等，以实现理论中的设想。同样以芯片工业为例，超复杂电路原理和理论被完美论证之后，接下来就是内核的应用技术开发了，直到形成一个由复杂技术和模拟运算构成的芯片内核（技术本身也是产品，未来可以专利授权或进行技术交易等），满足产品化芯片的技术要求。产品所涉及的技术准备完整之前，整个技术的成果转化还并未开始，还需要后续一系列成果转化验证和可行性分析。

（三）公司化准备

公司化准备是技术成果转化的开始，即技术拥有者通过设立新公司或利用现有公司平台实现技术的产品化和市场化。这一阶段将有以下三种发展路径。第一，拥有者新设立独立的项目公司，通过吸引风险投资和相关产业资本等融资方式，实现技术的公司化发展，这种情况在当下的技术成果转化过程中最为普遍。第二，拥有者若没有能力设立新公司或无现成的公司利用，可对部分或全部技术（包）申请专利保护，形成固化的知识产权资产，进行相应的专利交易以赚取利润，技术通过嫁接转化至其他主体实现成果转化。第三，若拥有者是大公司的研究部门，其利用现有的公司平台，根据公司的战略意图，可选择成立新的产品线或事业部，也可进行技术交易和相关的授权合作实现成果转化转换。

（四）金融化准备

金融化准备，即公司对接资本市场进行股份化、资产证券化等一系列的前置准备工作。公司运营到比较成熟的阶段并形成一定的市场影响力的时候，就可对接相关的金融中介进行金融化操作。通过金融化实践，公司作为技术成果转化的运营主体，可突破发展的资本瓶颈，增加研发再投入，提高产能，降低成本，提高利润率，实现规模效应。金融化准备是技术成果转化过程中最为关键的一环，为了避免陷入"死亡谷"的境地，公司的管理者需要采取一切措施确保技术及相关的产品在竞争中脱颖而出。

（五）产业化准备

前述四个阶段都是技术商业的纵向发展逻辑路径，是技术产业化发展的基础。现代技术往往都不单独应用于某一产品，而是相互交叉服务于多类产品和细分市场，与相近技术在一定维度中形成大规模的横向产业集群，释放技术的范围效应。技术通过转化并最终实现产业化发展，是一个完整的成果转化发展过程，在这其中，产业既是目的也是发展的手段，产业化能推动技术在更广范围内的更新升级。

二、成果转化过程中的实施

所谓实施内涵，就是技术从诞生到转换成产品或服务后，并满足最终消费需求这一过程中的具体任务。在遵循前述的条件准备的基础上，成果转化分为以下五个递进过程。

（一）技术可行性和完整性验证

这一转化过程是从理论准备后经过一系列的科学验证与配套技术开发（其他并行成果转化中的技术），形成成果转化中的完整技术包（技术清单），包括技术本身、相关标准及应用范围等，目的是实现技术的成果转化需求。

（二）商业可行性认证

这一进程是对 T1 中的完整技术包进行一系列的成果转化验证、模拟与战略设计，包括目标市场和需求分析、产品计划、投融资计划、生产安排及团队部署等，以评估组建成果转化新公司的条件与可能性，或在公司内部新设立事业部的可行性，为 T3 阶段的组建运营实体提供决策依据。同时，其为外部投资人及商业中介提供了了解项目的判断依据。

（三）公司及市场管理实践

在 T2 的基础上，设立符合股东和投资人利益的新经营实体或业务部，并以市场化为导向进行相应的治理实践。具体涉及公司的战略、经营目标、团队激励及公司制度和文化等方面，为公司实现运营的规范化、制度化和可持续性发展打基础。

（四）金融市场实践与加速

在金融化准备完全的基础上，公司应对接金融市场，其可为公司提供债权、股权及保险等金融服务。针对发展到一定阶段的成熟公司，其可以考虑股改以及上市等金融化操作，从而实现公司的快速发展，形成竞争优势。

（五）产业化与资本运作

技术成果转化到具体形成产业的阶段，公司可以进行相应的产业化运作。例如，公司开启私有化进程，以及进行再上市、横向和纵向并购和重组，剥离劣质资产并集中优势资源发展新一代技术，建立产业链的闭环以取得范围经济效应，整个成果转化进程周而复始，实现技术在产业层面上的自我更新与迭代。

三、成果转化过程中的利益相关者维度分析

技术的成果转化是一个复杂的动态进化进程，涉及诸多利益相关者，他们所扮演的角色也不尽相同。

（一）技术生命周期

这是从技术的研究者角度出发，对技术的生命周期进行刻画。如图 3-1 所示，处在 R1 阶段的技术属于理论期，这时还需要进行大量的验证，技术最终失败的可能性最大；在完成 T2 工作之前的技术都属于技术的早期，这个时候的技术一般都经过中试并完成了相关标准的制定，但还面临着无法实现产品化的风险；处在 T2 至 T3 期间的技术都属于相对成熟的中期技术，对应的是早期的产品，技术在小范围内批量应用；自 T3 之后，即经过大批量的量产及市场应用之后，技术基本发展到稳定的成熟期。

（二）风险投资周期

这是从风险投资人的角度来分析技术成果转化中的各个投资阶段。一项技术在 T2 之后，实现了产品化，公司生产出早期的样品或小批量的产品，此时就可以吸引到早期的种子期投资人；T3 到 T4 期间属于成长期投资人的投资偏好范围，因为企业基本走向正规并可以通过资金的助推实现规模生产；T4 与 R5 之间是风险投资的成熟期，这属于大型私募股权基金的投资偏好范围；一般在 R5 之后，基本上都是风险投资基金的退出期。

（三）产品生命周期

这是从产品的市场战略角度分析技术成果转化过程中的产品和服务。一般 R3 到 T3 期间属于产品的早期，产品领先同行，但并未得到大批量的市场应用；T3 至 R4 期间属于产品的中期，产品已经得到大批量的应用，还没有形成规模效应；R4 至 R5 期间属于产品的成熟期，产品品质稳定，规模效应明显；R5 之后产品基本上处于衰退期，技术迫切需要更新升级。

（四）传统金融及服务期

这是从传统金融机构的视角来研究服务技术型公司的各个时期。T3 至 T4 期间，传统金融机构往往会提供一些创新业务来满足客户的投融资需求，这些创新业务包括投贷联动、信用贷及科技保险等；在 T4 之后，传统金融机构基本都可以提供常规性的金融服务，包括相应的质押贷款、并购贷款等业务。

（五）资本运作期

这是从资本市场的参与者角度来分析技术成果转化过程中的参与方式。自 T4 开始公司基本就进入了资本运作期，投行和相关产业资本的投资人都是这一阶段的重要参与方，其参与的目的是实现产业化的纵向和横向整合，实现技术远期的范围效应。

四、成果转化模式的实践

根据实施主体和主导权的不同，成果转化模式的实践分为供给导向和需求导向两种类型的应用路径，其中供给导向型路径是由政府主导的技术成果转化过程，而需求导向型路径则是由产业主导的技术成果转化过程。以下分别介绍这两种实践的具体路径。

（一）政府主导的技术成果转化

政府在技术的立项、研究、产业化战略及政策制定过程中起推动作用，确保所鼓励发展的高新技术在后续的转化过程中实现成果转化发展。如图3-2所示，这一实践过程中，政府针对每类前置条件都制定了相应的规划及扶持政策：如制定国家创新战略以推动R1阶段的基础理论的发展；通过科技成果转化政策，鼓励大专院校及其他科研单位促进R2阶段的技术发展；实施供给侧改革并优化基础工商政策，支持R3阶段的公司化实践；通过制定科技金融和相关商业服务政策，支持R4阶段的金融化发展；制定产业转型升级政策以支持R5阶段的产业化发展；最后通过高新园区及落地配套政策来打造产业集群化发展。毫无疑问，政府在技术成果转化过程中起到非常重要的推动作用，除了这些政策扶持外，还为相关技术的研究开发提供专项资金支持，鼓励盘活存量技术库，加快实现科技成果的转化。政府从技术的供给侧出发推动成果转化，故称这种成果转化路径为供给导向型路径。

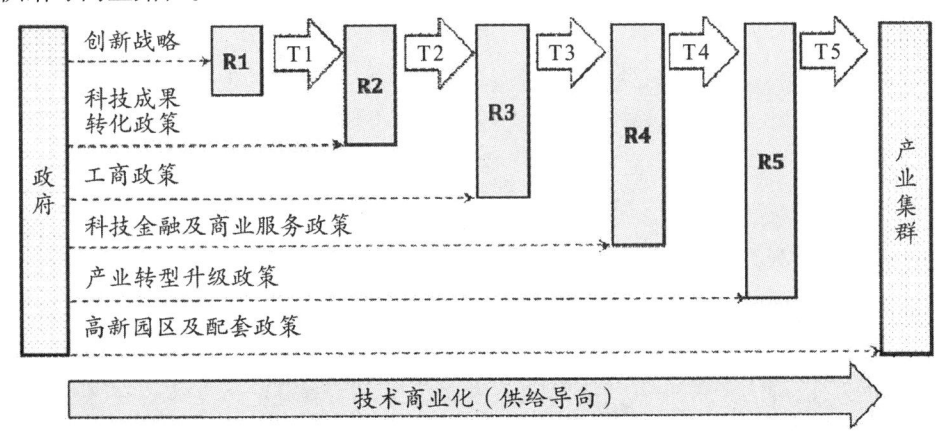

图 3-2 政府主导的技术成果转化

（二）产业主导的技术成果转化

与供给导向相反，市场中的产业组织和投资人在技术的立项、研究、产业化战略及政策制定过程中起主导作用，确保所研究的技术用于自身的成果转化是其出发点。这一实践过程中，产业组织和相关投资人从实际需求出发，反向成果转化现有存量技术库，并从基础阶段投资技术的研究和开发，目标是为了满足投资需求而从事相关理论研究，从而实现技术的成果转化。如图3-3所示，产业投资组织和投资人参与政府主导的重大技术开发和相关课题研究项目，推动R1阶段的理论实现；与科研机构、联合实验室、未来研究中心合作推动R1理论沿着T1路径向R2阶段发展；通过与交易平台、专利顾问等合作，促进R2技术沿着T2路径朝着R3阶段发展；以此类推，最后通过与投行合作实现产业集群化运作和行业整合，最终实现初期的技术成果转化发展战略目标。

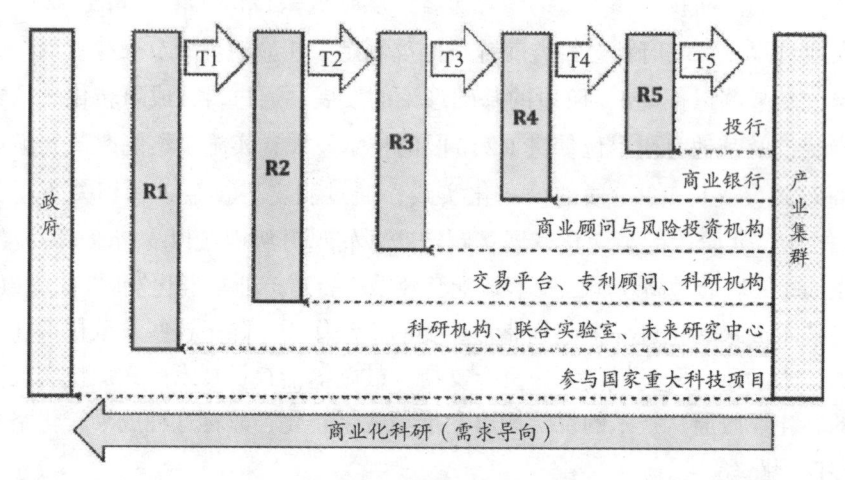

图3-3　产业主导的技术成果转化

产业实体和投资人的这种逆向"孵化"，从需求开始再去进行成果转化相关技术的研究开发，以满足长远的战略发展需求。顾名思义，这是一种需求导向型的实践路径。

技术成果的转化并没有严格的理论公式和模型，在一个由时空、行为和政策等因素叠加影响的动态环境中，技术成果转化过程是一个非常不稳定的过程，同时，受到一系列逻辑性条件的（本身也并不确定）约束，这一过程的不确定性被强化了。构建技术成果转化模型可以帮助各利益相关者更好地理解这一进程中的问题及所应进行的条件准备，使其能够根据自身实际情况选择具体的技术成果转化方法，以提高转化效率和最终的成果转化水平。

第四节　高新技术成果转化的特点

首先，技术成果转化过程是一个商业过程。作为转化的对象，高新技术是企业的无形资产，是一种特殊的商品。虽然技术成果转化使高新技术作为特殊的商品出现，但其与一般产品的市场化过程有一定相似之处。技术成果的转化是一种商业行为，转化的核心任务是为社会提供相应的新服务或新产品，在此过程中以期获得商业利润，这就决定了技术成果的转化过程是一个商业过程。

其次，技术成果的转化过程具有高风险的特征。新技术成果转化项目的最主要特征就是其自身存在高风险性，一般情况下这种风险性来自企业对其的高要素投入，也来自其动态发展过程的不确定性，同时技术成果转化的竞争性也会导致其具有高风险性这一特征。技术前景是否被看好、技术在未来成功与否、市场上的潜力大小、市场接受程度和接受时间等未知因素，以及成果转化过程中所面临的资金风险、管理风险、环境风险等均属于技术成果转化过程中的高风险因素。

最后，技术成果转化是复杂的且包含多个发展阶段的长期动态发展过程。技术成果转化的阶段多、周期长，各阶段之间既互相独立又彼此相互联系。一般认为技术成果的转化前期主要以技术的研究和开发为主，中期在经历了技术转让、产品开发后，最终成功实现技术成果转化。这是一个复杂的、不断变化的过程，需要政府部门、科研单位、中介媒体、企业等多方面协作，不是单个个体可以实现的。

第五节　促进高新技术成果转化的方法

一、精准对接，完善体系，打造成果信息互通平台

围绕重点发展产业领域，组建科技联络员队伍，推进科技大市场试点建设，完善科技中介服务体系。一是精准对接供需。组建由科技企业技术负责人、科技中介机构、技术经纪人等组成的科技联络员队伍深入企业调研，对企业技术难题需求进行排摸征集。对征集的企业需求进行筛选、分类，定期收集并推介高校院所相关科研成果，使需求与成果对接。二是推进科技大市场试点建设。采用科技下乡、企业调研、媒体宣传等多种方式广泛深入宣传，提高网上技术市场社会认

知度和使用度，大力推动技术市场线上线下结合，让网上技术市场真正成为技术信息交汇、交流、交易的中心。三是完善科技中介服务体系。培育和支持业绩较好的中介服务机构，鼓励其与高校院所、企业开展多层次合作，提供技术转移和成果转化服务。

二、深化建设，促进合作，打造科技成果转化平台

深化科技成果孵化基地建设，加快推进一批中试基地和成果转化公共服务平台落地。一是推进基地建设。围绕镇街（平台）产业优势，在全区范围内探索建设以政府主导创办、企业转型创办、校地合作创办和院企合作创办四种模式为主的科创园区；起草制定新一轮科创园培育计划及政策细则，开展重点科创园规划编制工作。二是加快科技成果中试基地建设。围绕区域主导产业发展，依托重点实验室、工程实验室、工程研究中心、企业技术中心等创新载体，推进一批中试基地和成果转化公共服务平台建设。知名高校积极与院所合作共建成果转化中心（基地），促进高校院所优质成果产业化。

三、提升层次，推动转型，打造产业创新升级平台

以提升企业自主创新能力和核心竞争力为目标，加快企业转型升级，推动科技成果与企业需求有效对接。一是促进科技型企业梯队发展。开展科技型企业认定管理工作，大力培育国家重点扶持的高新技术企业和科技型中小微企业，鼓励民营企业与高新技术相结合，采用先进技术提升产业发展层次，推动量大面广的中小企业向新技术、新产业、新模式、新业态转型。二是加大企业转型升级力度。大力推动传统企业转型升级，加快工业化与信息化深度融合发展，支持一批有条件的传统企业发展成高新技术企业；按照"一家龙头企业、一个人才团队、一个产业园区、一个产业基金、一个博览会、一个政策机制"六个一发展思路，积极发展高端装备制造、新能源汽车、生物医药、化纤新材料等战略性新兴产业。三是支持企业应用科技成果。开展区内龙头企业创新转型试点工作，鼓励龙头企业进行技术创新、管理创新、商业模式创新，引导龙头企业吸收国内外先进技术和管理经验，探索龙头企业与国内外高校院所协同创新模式；加强企业与高校院所的对接，推动科技成果与企业需求有效对接。

四、引进资源，融合发展，打造协同创新集聚平台

搭建一批成果转化示范平台，大力发展军民融合产业，坚持"走出去、引进

来"，开展海内外招才引智活动，加强人才项目对接。一是引进人才集聚科技资源，为产业结构优化提供科技创新成果和创新人才。二是推动军民科技成果融合转化。立足区位条件、产业特色和基础优势，重点围绕军民融合政策研究、产业园区谋划、重点企业培育、重大项目招引等方面开展军民融合发展和省级军民融合创新示范区创建工作。三是推动国际科技成果转移转化。积极融入全球创新网络，探索科技开放合作的新模式、新途径、新体制。鼓励企业并购国（境）外研发机构，或在海外投资设厂、建立研发中心、设立海外孵化基地，吸引使用海外优秀人才。

五、出台新政，培育团队，打造科技人才共建平台

一是坚持兼收并蓄，发挥创新政策引导作用。创建科技成果转移转化示范区是进一步优化政策环境、集聚创新资源的重要机遇。要用足、用好、用活国家省市有关创新政策，主动对接、细化落实，让更多的创新主体、更多的创新创业活动享受政策支持。不断完善鼓励科技成果转移转化的产业政策、人才政策、金融政策等，优化成果转化链式生态环境，更好发挥政策引导作用。

二是坚持开放合作，争取创新资源竞相集聚。坚持"请进来"和"走出去"相结合，做好借势借力文章，积极进行与国内外知名高校和科研院所的合作与交流，共建研究院、实验室，集聚国内外高端人才、技术和信息等创新资源。充分把握发展机遇，深化国际科技合作交流，支持本地企业与境外研发机构开展合作，参与国际科技合作项目、建立海外研发中心、承接国际技术转移，从而提升科技竞争力。

三是坚持优质服务，激发创新活力。培育创新生态产业是激发全社会创新活力的关键所在，我们要围绕创新主体，优化创新服务，助推科技成果转化。以精准服务为导向，按照"最多跑一次"要求，认真梳理整合科技服务事项，探索实施科技服务"菜单制"，根据不同领域、不同阶段科技企业的需求，提供全方位、专业化、个性化的创新支持服务。加强职能部门间的紧密合作，举办创新创业大赛、进行政产学研对接、开展创业投资活动等，进一步营造创新发展良好氛围。

第四章　高新技术成果转化评价

现阶段高新技术成果转化方面的研究包括以下两个方面，第一是对技术成果转化的评价内容进行研究；第二是对新技术成果转化的评价方法进行研究。

第一节　成果转化评价内容的研究

新技术成果转化的内容评价从动态角度来看，在成果转化这一概念尚未被独立明确地提出之前，国内学者习惯上将技术的成果转化这一过程看成科研成果的转化过程。现阶段，技术的发展过程一般可划分为四个阶段：基础概念研发阶段、技术开发阶段、新技术的成果转化阶段、新技术的产业化阶段。

与成果转化不同的是，技术的产业化指的是将新的产品构想进行开发，将技术凝结到产品中，进而投入市场最终形成完整的产业这一过程。而技术的成果转化过程是将具有较大研究开发潜力的产品构想以及技术创新思维，经由实际的商业活动实现其研发初期的功能设想，突破政治、经济等具体客观因素的限制，最终实现其使用价值，为企业创造所需利润的过程。

关于新技术成果转化的评价体系的研究主要涉及对新技术成果转化的关键影响因素的识别、新技术成果转化能力评价的指标体系构建这两个方面。国内外学者针对新技术成果转化评价指标做出了自己的归纳。王兴丽通过对已有文献的梳理，将技术、市场、商业、管理概括为影响技术成果转化的四项主要指标，并通过实证研究对各个因素的影响程度做了分析。实证研究表明，企业对于技术指标和管理指标的关注贯穿成果转化的全过程，在技术研发的初期阶段企业更为关注市场因素，产品初生产阶段则相对来说更为关注商业因素，而在产品的大量生产阶段，企业对商业和市场给予同等程度的关注。卢文光、黄鲁成将技术预见的方法和思想引入新技术的评价与选择中，将影响新技术成果转化潜力的因素总结如表 4-1 所示。

第四章 高新技术成果转化评价

表 4-1 新技术商业化潜力影响因素

技术指标	市场指标	产业指标	符合指标	效应指标
技术先进程度	市场风险	基础设施	与科技政策符合程度	节约资源程度
成为技术标准的可能性	为顾客创造价值	人力资源	与产业政策符合程度	创造就业机会多少
获得知识产权的可能性	市场潜力	资金条件	与技术预见符合程度	促进科技发展程度
成为主导技术的可能性	预期利润率	技术保障	与社会发展规划符合程度	提高生活质量程度
技术应用后获利的持续性	新客户群体的增长率	—	与消费文化符合程度	带动相关产业程度
				改善环境程度

宋丽敏在已有的文献资料基础上，将新技术成果转化影响因素概括为技术、市场、企业、环境四大要素，下设相应的二级指标，采用发放问卷的实证研究方式，对整体样本数据进行因子分析，将其归纳为 17 个因子，采用层次分析法和模糊综合评价方法确定指标权重，并使用该指标体系进行了实证分析，具有较强的可行性和可操作性。邱卿将影响技术成果转化的因素概括为市场、技术、环境三个大类。市场指标包括市场容量和市场需求两个部分；技术指标包括技术的成本因素和技术的复杂程度两项；环境指标涉及技术的研发环境和企业的研发支撑能力两个方面。王冀从波特五力模型出发，即从新进入者的威胁、供应方的议价能力、买方的议价能力、替代品的威胁、现存竞争对手的竞争五个方面对影响技术成果转化的环境因素进行研究。他通过实证分析，运用结构方程模型，得出了不同因素对技术成果转化的影响程度及其之间的关系：新兴技术的成果转化与环境因素有着密切的关系；现有厂商的竞争强度对新兴技术成果转化的成功具有决定性意义；替代品、新进入者的威胁对于现有厂商的竞争强度及新兴技术成果转化具有重要影响。

在新技术产业化影响因素的研究方面，国内外学者分别从不同角度做出了界定。王健在其文章中分析了新技术产业化评价工具将来发展的趋势，设计了评估系统原型，并对数据库进行了设计，将具体的指标评价体系概括为市场、技术、产业化条件、符合性、效应五个方面。

王敏、银路从识别新技术共生演化的关键因素角度出发，对其作用机理进行探讨。两位学者在文章中，将战略管理领域中对企业能力的探讨引入新技术成果转化评价过程中，将影响技术成果转化的核心因素概括为企业的自身研究开发能力、新产品目标市场的容量、配套的政策法律环境三个方面。柴国荣等将科技成果转化评价指标体系概括为转化条件、支撑能力、转化效果三项一级指标。转化条件包括经费投入、人员投入、科技成果三项二级指标，支撑能力包括成果市场化和转化支持两部分，转化效果包括直接收益和间接效果两项二级指标。他还运用德尔菲法和相关分析法对评价指标体系进行了实证分析和检验。曹霞、喻登科从科技成果转化与知识管理耦合的思路出发，构建起以科技成果转化知识管理绩效的本源评价、本体评价和本旨评价为指标的三维体系。其中本源评价包括人才绩效评价、组织绩效评价和知识绩效评价三个方面；本体评价涉及知识的学习、共享、对接、整合、创新五个方面；本旨评价包括经济效益评价、核心竞争力评价和持续竞争优势评价三个部分。

第二节　成果转化评价方法的研究

在总结相关成果转化评价方法的过程中，我们可以得知主流评价方法主要包括企业的财务评价法、基于问卷调查的实证研究法、基于专家打分的主客观评价法，如德尔菲法、层次分析法、模糊综合评价法等。

企业在对新技术成果转化项目进行选择时比较常用的研究方法就是企业的财务评价法。一般情况下企业的成果转化项目所带来的效益可以分为企业技术成果转化活动产生的效益和企业技术转化成果带来的效益两个方面，前者属于项目的直接效益，后者则属于间接效益。近阶段对于成果转化项目效益的评价主要集中在对企业的间接效益的评价这一方面。

针对成果转化项目可能面对的高风险性这一特征，学者均试图开发相应的模型，期望能全面地反映成果转化项目的风险与收益之间的作用关系。最具代表性的是安索夫模型和帕奇菲科模型。

在新技术成果转化评价的实证研究中，大量学者通过发放问卷的形式获取调查数据。在此我们将常用的几种相关方法进行总结，如表4-2所示。

表 4-2　基于实证分析的新技术商业化分析方法

作者	研究方法	论文出处
威尔斯	专家访问	—
麦克米伦	问卷调查	—
王兴丽	问卷调查	新技术商业化分阶段评价模型研究
赵旭	问卷、专家访谈	关于新技术商业化关键影响因素的实证研究
黄鲁成	德尔菲法	新兴技术产业化潜力评价与选择的研究
段利民	问卷调查	新兴技术商业化绩效影响因素实证研究

通过以上对相关研究领域的文献进行分析，特别是对成果转化的核心影响因素和相关的评价研究进行分析，可以看出相关研究主要集中在以下两个方面：一是集中在对新兴技术实际应用层面的研究，主要的关注点在如何最大限度发挥新技术的潜能、实现其具体价值；二是主要针对新技术成果转化项目的选择，如创业过程中的项目投资选择问题，企业新的产品构想走出实验室进入孵化阶段的项目选择等，对新技术成果转化能力本身的评价较少。

另外，现有研究主要覆盖了新技术成果转化研究中的微观研究领域。例如，处于技术成果转化运作阶段的中小型科技研发企业或创业企业的内部成果转化实现过程、内部影响因素（如技术、市场、管理等因素）。而宏观层面的问题，主要体现在政府在成果转化过程中的作用等具体方面。因此在综合以上考虑的基础上，选取关键影响因素，建立起新技术成果转化能力评价指标体系，对我国几个典型的高新技术产业开发区的新技术成果转化能力水平进行评价，并提出相关对策建议，具有一定的现实意义。

第三节　转化能力的技术指标

技术因素主要指新技术自身所具备的能够成果转化的条件，这是新技术能否商业化的关键。在实践中我们可以看到这样的情况：有的新技术一经问世，就创立了新的行业，或改变了某个传统行业；也有的新技术虽然已经问世，在宣传中也做了很多努力，但激不起生产企业的兴趣；还有的新技术，刚刚问世就遭到了其他新技术的替代。

纳尔逊和温特提出了技术体制的基本模型，该模型区分了基于科学的技术和具有累积性的技术。科学技术具有广泛的知识基础，这些知识通常来自外部专门从事相关活动的机构。而具有累积性的技术其知识基础则相对来说非常狭窄同时其目标性很强，是通过在企业内部不断地累积形成的。因此我们可将新技术成果转化的技术影响因素概括为四项二级指标及13个三级指标，如表4-3所示。

表4-3 新技术成果转化的技术影响因素

技术影响因素	新技术的知识性	技术的复杂性
		技术的成熟性
		技术来源
		技术进步的累积性
	新技术专有性的影响力	技术的专用性
		技术转移的便利性
		技术的独占性
		技术的隐含性
	新技术先进性的影响力	技术的研发改进速度
		技术的成本优越性
		技术的性能优越性
	新技术稳定性的影响力	技术更新换代的时机
		技术的可预见性

一、新技术的知识性

该项指标主要包括技术的复杂性、技术的成熟性、技术来源、技术进步的累积性四个三级指标。技术的复杂性指的是新技术所涉及的专业知识非常复杂，包含较多的知识层级或涉及的专业学科较多。技术的成熟性指新技术较为成熟，已经发展到较为完善的程度，成熟的技术相较一般技术而言更具备成果转化成功的可能性。技术来源指技术来源于体系化的技术领域，体系指若干有关事物或某些意识相互联系的系统而构成的一个有特定功能的有机体。技术一般划分为七大领域，分别为电子信息、仪器仪表、新材料、生物医药、加工工程、机械装置及运输、消费品及土木工程。因此技术来源于体系化的技术领域指新技术主要来源于以上七大领域中的一种或多种，这样就界定了新技术的来源范围。技术进步的累积性指新技术依赖于原有知识和经验的积累，即新技术的形成并非一蹴而就的，只有拥有前期深厚的知识积累和经验总结方能形成一项新技术。

二、新技术专有性的影响力

该项二级指标包括技术的专用性、技术转移的便利性、技术的独占性和技术的隐含性这四项三级指标。技术的专用性指新技术只能适用于某项特定的产品或服务，并不具备广泛适用性。技术转移的便利性则指新技术容易获得来自外部技术的补充和完善。新技术走出实验室进入市场后就开始了其成果转化的过程，而此过程中，新技术并非一劳永逸地永远保持现状，而是应跟随市场需求等各种要素的变化而不断改进以获取更大利润，因此越容易获得外部技术的补充和完善，新技术成果转化成功的可能性就越大。技术的独占性指新技术很难被竞争对手模仿。技术模仿广泛存在于市场经济的各个角落。企业通过技术模仿，一方面可以大大降低自身研发成本，减少研发投入，另一方面又可以较快获得核心技术，加快了技术投入市场的速度，搭上成果转化的头班车。而难以模仿的技术对处于技术创新源头的企业来说至关重要，一项难以模仿的技术大大增加了成果转化成功的筹码。技术的隐含性指新技术很难被表达出来。

三、新技术先进性的影响力

该二级指标主要包括技术的研发改进速度、技术的成本优越性、技术的性能优越性这三项三级指标。技术的研发改进速度指新技术随市场需求而不断改进的速度。市场是检验新技术的试金石，只有适应市场发展规律的、能满足用户多样化需求并能随用户需求的改变而不断推陈出新的技术才是新技术成果转化成功的有效保证。技术的成本优越性指新技术在成本上有很大削减。新技术由于在研发前期投入了大量的人力、财力和物力，所以一般均伴随着较高的成本，这些成本终将转移到消费者身上，表现为较高价格水平。因此新技术的成本得以削减，则大大增加了价格对于消费者的吸引力，企业可获得更高的成果转化效益。技术的性能优越性指新技术在性能上有很大提升。

四、新技术稳定性的影响力

该二级指标包含技术更新换代的时机和技术的可预见性两项三级指标。技术更新换代的时机指新技术更新换代非常快，企业应找准机会更新技术。一项可以预见发展潜力的新技术将大大降低其在成果转化过程中的不确定性，从而降低企业的成果转化风险，为企业及时做出反应奠定了基础。

第四节 成果转化能力的市场指标

新技术的市场因素是新技术与市场的匹配程度。一些新技术可能一问世就立即获得爆发性市场，而有些新技术则难以被市场接受。无论多具发展潜力的新技术，如果过于乐观地估计其市场潜力，则可能产生灾难性后果。

米尔森和威尔蒙认为市场的环境因素主要包括市场动态度、市场竞争度和市场复杂度三个方面。陈劲等对突破性创新所面临的市场因素进行了研究，他们认为新市场因素主要包括主流市场用户对新技术性能的满意程度、创新面向的市场规模大小、创新面向的市场增长潜力和主流市场对现有技术性能的满意程度。赵振元等在研究新技术对传统管理的挑战时，提出新技术的市场特点主要包括以下三个方面：市场高度的不确定性，改进型新技术的市场呈团簇状，以及一部分突破型新技术的市场呈爆发式增长。基于以上这些，我们可得出新技术的市场拓展思路。

新技术成果转化市场影响因素可概括为以下五项二级指标及10个三级指标，如表4-4所示。

表4-4 新技术成果转化的市场影响因素

市场影响因素	新市场成长能力的影响力	新市场成长所需时间
		新市场成长速度
		新市场增长潜力
	新市场需求的影响力	新市场的需求内容明确性
		新市场的需求多样性
	新市场容量的影响力	新市场的承受力
		新市场的潜在客户
	新市场用户的影响力	市场对产品的满意程度
		用户购买决策的复杂性
		用户的满意程度
	新市场竞争程度的影响力	—

一、新市场成长能力的影响力

该指标之下包含新市场成长所需时间、新市场成长速度和新市场增长潜力这三项三级指标。新市场成长所需时间指新市场从出现到高速成长所需时间。新市场成长速度指新市场的发展速度。新市场的成长速度是新产品获得爆发性市场的重要影响因素。在激烈的竞争中，哪种新技术具有先发优势，就有可能代替原有技术成为市场的领导者，因此在技术替代速度极快的现阶段，快速成长的新技术市场已然成为抢占市场制高点的关键因素。新市场增长潜力即新市场的增长能力。

二、新市场需求的影响力

该指标之下包括新市场的需求内容明确性、新市场的需求多样性这两项三级指标。新市场的需求内容明确性和新市场的需求多样性是企业在进入市场之前必须着重考虑的，企业只有生产出符合市场需求的新技术产品，才能迎合广大受众的不同需求，尽可能创造更大经济利润。

三、新市场容量的影响力

该指标之下包括新市场的承受力与新市场的潜在客户这两项三级指标。前者指新市场用户的价格承受能力，后者则指新市场未来可拥有的客户，他们对企业技术产品（服务）有较高的需求。市场容量指在不考虑产品价格或供应商的策略的前提下市场在一定时期内能够吸纳某种产品或劳务的单位数目。一定规模的市场可以拉动企业投资和经济发展，要想清楚地了解目标市场的容量，首先需要了解同类产品在目标市场销售的价格、销售的数量，同时还要了解当地市场有关产品的消费变化，明确当地的工资收入水平、消费习惯等，锁定潜在客户群，确定企业成果转化策略。

四、新市场用户的影响力

该指标包括市场对产品的满意程度、用户购买决策的复杂性和用户的满意程度这三项三级指标。市场对产品的满意程度指市场对现有产品性能的满意程度，其决定了市场是否会寻求新的产品性能突破。用户购买决策的复杂性指用户在做出购买决策之前需要对技术有很深的了解。用户的满意程度指用户对新技术产品（服务）的态度。用户对新技术越满意，越有可能做出购买决策。

五、新市场竞争程度的影响力

该指标只有一项二级指标，不包含三级指标。企业在参与市场竞争的过程中，是否有主导竞争者、直接竞争者或者相关替代品，在很大程度上决定了企业应用新技术应采取何种市场策略。

第五节　成果转化能力的商业指标

企业面对的客观市场情况无法改变，那么企业就应在此基础上决定自身采取何种营销策略和价格策略，这是企业采取的主动应对行为。冯霞、徐晋认为应从技术成果转化所需要的成本以及可能产生的经济效益两方面来评价技术成果的产业化前景。其中经济效益指标主要包括投入产出比、经济贡献度、运行管理费、剩余收益期、投资回收期、投资获利额、投资利润率、产品销售率和产品利税率这九项指标。有学者认为商业影响因素主要有发明者的行业经验、投资回报率、市场成本等。还有学者将技术成果转化的商业指标划分为产品的功能性、产品的质量、已有生产经验、研发人员的相关经验、生产资源、发明者的信誉度、研发人员的支持、融资渠道、启动前期的投入成本、财务的支持、可量化的收益、净现值收入、正向投资回报率、对专利成本的弥补作用14项指标。

我们可将影响新技术成果转化能力的商业因素概括为以下四项二级指标10项三级指标，如表4-5所示。

表4-5　新技术成果转化的商业影响因素

商业影响因素	企业市场控制力的影响力	合理的价格策略
		合理的营销策略
		企业的售前售后服务
	企业财务指标的影响力	可确认量化的收益
		预期正的投资回报率
		正的净现值收入
	企业产品性能的影响力	产品功能性强
		产品有可靠质量
	企业生产力的影响力	有充足的生产资源
		有相关生产经验

一、企业市场控制力的影响力

该项主要包含合理的价格策略、合理的营销策略、企业的售前售后服务这三个三级指标。目标市场控制指企业为协调同目标市场上顾客间的利益关系，而对顾客行为可能产生的风险进行控制和处理的活动。企业通过市场细分和产品定位等过程进入目标市场后，就要对目标市场进行控制。随着市场经济的不断发展，卖方市场逐步转化为买方市场，顾客选择自由度加大，企业渐渐失去其交易的主导地位转而需要接受顾客需求的引导和支配。因此针对以上特征，企业需要在产品价格的制定、营销策略的确定、售前售后服务方面做足文章，这样企业才能取得对目标市场的主导控制权。

二、企业财务指标的影响力

该项包括可确认量化的收益、预期正的投资回报率、正的净现值收入三个三级指标。企业在完成技术成果转化项目后，其成功与否将最终反映在企业具体财务指标方面，因此以技术成果转化后可能实现的经济效益为评价指标之一就可以从量化的角度评定技术成果转化的能力。

三、企业产品性能的影响力

该项指标包含产品功能性强及产品有可靠质量两项三级指标。新技术产品（服务）是成果转化的对象，而可靠的产品质量伴随着强大的附加功能则可以明显地吸引顾客的注意力，便于企业实现较高的销售利润。

四、企业生产力的影响力

该指标包括有充足的生产资源和有相关生产经验两项三级指标。走出实验室的新技术需要投入生产才能成为真正的具有实体的产品，新技术成果转化成功后随之而来的技术产业化需要的大规模产品则必然要求企业具备与之相适应的生产资源，而如果拥有相关的生产经验则更锦上添花。

第六节 成果转化能力的管理指标

陈铁儒、樊相如等在评价风险投资项目时，将管理因素列为评价指标之一，并且将其划分为管理技能、营销技能、财务技能和企业家风范四项指标。王兴丽将管理因素划分为发明者拥有专利、有团队精神、存在管理专家、科学高效的团队结构、企业激励约束机制、高层次的营销人员、能力较强的生产人员和技术人员共八项指标。赵旭从新技术成果转化行为主体角度分析了新技术成果转化的影响因素。其中在分析大学和专门的科研院所的技术转移过程时，将成果转化的企业因素列入考虑因素之一，并指出该因素主要指组织运作和执行能力。组织运作主要侧重于公司组织架构、内部、外部运营，资金流量及股权结构等。执行能力一方面是企业内部制度建设的结果；另一方面，管理团队的行业经验，以及个人的领导力等都对执行能力有直接的影响。

我们将新技术成果转化的管理影响因素总结为四类二级指标，下设九项三级指标，如表4-6所示。

表4-6 新技术成果转化的管理影响因素

管理影响因素	企业管理能力的影响力	领导者的领导力
		员工的执行力
		新技术成果转化的过程控制
	企业员工能力的影响力	高素质的营销人员
		高素质的生产人员
		技术能力强的科研人员
	企业文化的影响力	企业团队精神
		企业激励约束机制
		企业内部文化氛围
	企业知识产权的影响力	—

企业知识产权的影响力主要指企业作为技术创新源头或技术引进主体拥有该项技术的专利授权。

为技术申请专利可在一定程度上减小技术被模仿的可能性；企业工作团队是否拥有团队合作意识和团队精神至关重要。另外企业内部有效的激励和约束机制是企业管理的重要保证。与此同时积极向上的企业文化则是员工有效的精神指引。

第七节　高新技术成果转化评价指标

一、技术交易成交量

指标的介绍工作以及评析的工作真正地实施下去，从概念和含义上也就意味着科技成果能够真正地进入生产实践的环节，可以在生产出产品的领域中得到广泛的应用，在市场上也能够真正大量地投放，发挥一定的作用。国家知识产权局在科技领域当中希望可以利用专利的实施率，以及专利的产业化率对目前我国的专利技术成果转化和产业化活跃的程度进行有效的测度，包括合理的衡量分析。国家知识产权局在每一年度都会通过问卷调查的方式对我国现阶段有专利权的人员包括他们拥有的专利内容展开详细、深入的调查和分析，从而测算得出专利的实施率还有专利的产业化率，而这个专业调查的覆盖范围是能够有效发明出来的专利。

二、实现应用评价登记成果的应用率

所谓的实现应用，主要指的是科技成果对于当前我国经济社会未来的发展所发挥的实际的有效的作用，研发的有效投入有利于实现这些科技成果所具备的价值。2000年，有关部门为了能够真正地实现对于财政所支持的科技项目，充分地运用现阶段知识产权信息资源，选准高起点，避免在科研领域造成无效的重复的研究，出台了一些有效的对应方法，希望能够真正地促使当前国家的科研领域取得一定的进步。如《科技成果登记办法》这一文件主要针对的就是这方面的问题。科技成果的有效登记在当前也能够更加充分地反映出国家和地方科学技术发展的状况，以及发展过程当中的有效成就，更加能够体现出国家科技及地方科研的发展整体水平，使科技成果转化的基础性工作得到加强，取得一定的进步。一般情况下，登记上去的科技成果，还要进行有效的划分，应用技术成果、基础理论研究成果和软科学成果这三种不同的类型就是能够登记的科研成果类型。

科研成果的应用情况在填写登记资料的过程当中应该由登记人员自主进行有效的填写，这也能够从侧面反映出成果进行有效转化和获得应用的一些基础的状况。国家各个级别以及各种类型的科技计划最终产生的科技成果应该进行有效的登记。而不是财政投入产生的一些科技成果需要自愿进行登记，涉及国家秘密

的科技成果，则是需要按照一定的要求来进行管理，不需要按照这方面的内容进行管理。因此，科研成果的有效登记在当前社会主要反映出来的就是财政支持下所产生的科技成果应用的基本状况。在进行实际操作的过程当中，对科研成果进行有效的登记的目的是希望能够确认研究的成果。

三、知识扩散情况

上述指标主要是对技术又或者是成果来进行详细的、充分的考量。如果将载体当作"科技成果持有人"，那么就可以进一步从人员的流动和知识的扩散这两个方面进行比较广泛的研究，也可以将科技人员兼职和离岗创业作为相对主要的切入点。在关于科技成果的转换文件当中，将创新创业作为依托的技术转移直接当成非常重要的手段，能有效地拓宽转移的通道，所以说不可否认的一点就是这也可以当作科技成果转化的一个重要的方面。在相关的科技成果报告当中也能够将转让、许可等多方面转化成为的科技成果，还有产学研的合作情况和技术合同的登记数据重合在一起；而兼职离岗创业情况主要指的是科技成果转化年度报告独有的，反映出知识扩散和人员流动的基本状况。

四、科技成果商品化效率与产业化效率

科技成果向商品化的方向发展，主要指的是将科技成果形成新的产品推入市场，获取一定的经济效益。

第五章 高新技术成果转化政策机制

近年来,随着国家提出科技成果转移转化工作"三部曲"的同时,党的十九大报告也提出要坚定实施创新驱动发展战略,加快建设创新型国家,促进科技成果转化。习近平总书记高度重视科技成果转化工作,强调要加快创新成果转化应用,彻底打通关卡,按照党中央、国务院重要部署,各部门、各地方分别制定出台促进科技成果转化的具体措施。全国研究开发机构和高等院校积极推动科技成果转化工作,但在实际工作中还存在一定问题。

人类历史是一部创新发展史。产业革命的背后是科技的重大突破以及科技成果的转移转化和扩散。科技成果转移转化是实现科技自立自强和实施创新驱动发展战略的核心环节,是推动高质量发展、构建新发展格局,实现科技与经济社会发展深度融合的关键一环。但总体看,科技成果转移转化难仍然是一个制约创新驱动发展的世界性难题。首先,并非所有科技成果都可以转化。众多基础性研究成果的价值在于其学术价值并非商业价值,这些研究成果是无法直接转移转化的,只有具有应用价值和市场价值的成果才能成为转移转化的对象。其次,高风险、高失败率是成果转移转化的常态。科技成果走出实验室,要通过小试、中试、产业化开发,涉及技术供给、渠道打通、企业承接、金融支持诸多因素,其全链条的每个环节都存在不确定性,尤其是成果形成到企业量产这个中间地带,被人们称为成果转化的"达尔文死海",也有人称之为"死亡谷""断裂带"。跨越这个中间地带,十分艰难,甚至有专家用"九死一生"来形容这一过程,这是各国推进科技创新必须面临的课题。

第一节 高新技术创新实践与政策保障

对于科技成果转化政策的研究,涉及政策文本、政策实施、政策体系等多个方面。李玲娟等基于成果转化链对政策进行系统性的评述,并对成果转化中急需解决的问题做了展望。张剑等以中国科技成果转化政策为例，从强度、广度、速度与方向四个维度研究科技成果转化政策扩散的过程和特点。杜宝贵等基于政策过程、政策内容和政策组织三个维度，运用内容分析、定量统计等方法对我国科技成果转化政策体系进行分析，并提出完善与落实我国科技成果转化政策体系的要义。李进华等以深圳、宁波为研究对象，运用内容分析法对两市的科技成果转化政策进行了量化分析。史童等以2019年出台的六项科技成果转化政策为研究对象，基于政策一致性指数模型对科技成果转化政策进行了量化评价。

早在2000年，中南大学在科技成果转化上就实施了股权激励，走在了全国前列，提出了"关于落实国家以高新技术成果作价入股政策的实施办法"。该办法明确规定：科研人员办企业中，以技术作价入股，作价入股总额的70%给予科研人员；横向科研课题（非财政资金支持）的经费结余入股科技型公司时，科研人员持有入股金额的70%。股权激励的实施，调动了一大批教授和科研人员的创新创业积极性，一大批学科性公司纷纷建立。科技体制改革也带动了教学质量的提升。该校学生毕业论文选题来源于科研和生产实际的比例高达70%，由此培养的人才更富于创新意识和创业意识。该学校的这项职务科技成果混合所有制改革被誉为"科技界小岗村"改革，将职务科技成果知识产权实际让渡给发明人，使发明人成为科技成果转化的主体，疏通了科技成果转移转化的"最后一公里"。

2010年，西南交通大学创新性地进行职务科技成果混合所有制改革。2015年11月四川省开展职务科技成果权属混合所有制试点工作。2016年1月西南交通大学在其制定的《西南交通大学专利管理规定》中明确指出，学校与职务发明人可以按照3∶7的比例共同申请专利，也可以按同样的比例分割学校持有的职务发明专利，职务发明人的"转化后奖励"前置为"知识产权共有"，从而实现了职务发明人拥有职务科技成果的大部分所有权。截至2019年9月该校有205项职务科技成果完成分割确权，通过职务科技成果混合所有制改革成立了24家高科技创业公司，科技成果转移转化速度大大加快。

2015年以来，国家全方位大力推进科技成果转移转化工作，对科技成果转移转化从法律到配套细则，再到具体任务进行了系统部署和安排。《中华人民共和国促进科技成果转化法》《国务院关于印发实施〈中华人民共和国促进科技成果转化法〉若干规定的通知》和《促进科技成果转移转化行动方案》被称为科技成果转移转化的"三部曲"。随后相关部门也相继出台了具体行动方案，从权利归属、收益分配、成果质量等方面进一步完善科技成果转化的制度。

具体而言，一是创新推动科技成果转移转化，搞试点赋予科研人员职务科技成果所有权或长期使用权。二是强化转移转化导向规范专利奖励制度。高校不再拥有专利申请的资助奖励，大幅减少并逐步取消对专利授权的奖励，将奖励通过提高转化收益比例实实在在补助给发明人。近年来，各地都陆续制定了与科技成果转化相关的改革措施，在符合上位法的基础上，尽最大可能鼓励支持科技成果转化。三是鼓励和支持发展新型研发机构，寻求体制机制突破，创新资金、人才机制，激发市场活力，加快科技成果的转移转化。

综上所述，学者在对科技成果转化含义进行界定的基础上，对科技成果转化政策从不同角度进行了较为全面的研究。既运用内容分析法、定量分析法等对科技成果转化政策文本进行了量化分析，又对政策体系、政策实施等进行了探讨。

第二节 科研成果转化的激励政策

为有效发挥企业在国家创新体系建设中的作用，国家相继发布了一系列促进科研成果转化的激励政策，包括《中华人民共和国促进科技成果转化法》《实施〈中华人民共和国促进科技成果转化法〉若干规定》（以下简称《若干规定》）、《国有科技型企业股权和分红激励暂行办法》（以下简称《激励办法》）等，目的是改善当前科研成果转化率低下的现状，促使科研成果转化的实施，从而打通科技与经济结合的通道，发挥科技创新的优势，促进国家经济的发展。这些政策法规的颁布，为促进国有企业科技成果转化以及科技激励机制的建立提供了法律保障和政策支持。其中，《中华人民共和国促进科技成果转化法》明确提出了拥有科技成果的单位可以基于市场规律自主定价，这省去了许多繁杂的程序流程，可进一步加快单位科技成果的转化。另外，该转化法还明确了拥有科技成果的单位具有收益权，科研单位不需要将科技成果转化收益上缴国库，如此一来可充分激发科研单位科技成果转化的积极性。

《若干规定》的实施，目的是进一步促进《中华人民共和国促进科技成果转化法》的有效实施，同时还针对科研成果转化过程中涉及的决策责任问题、科研人员离岗创业问题做出了明确的规定。由于科技成果的价格会随着时间的推移而有所变化，一定程度上会增加单位领导人员定价科技成果时的压力，而在《若干规定》中，将这一决策责任免去，如此便可大大减轻领导人员决策的压力。另外，针对科研人员离岗创业的问题,《若干规定》也提供了相应的保障,这有利于调动科研人员的积极性,进而促进科研成果的转化。

《激励办法》主要是关于对国有科技型企业中的技术人员和经营管理人员进行激励的办法,其实施能够有效调动这些人员的积极性和创造性,进而有利于促进高新技术的产业化和科研成果的转化。在《激励办法》中,明确了符合国有科技型的企业,在对企业重要技术人员和经营管理人员激励时,可采用股权出售、股权奖励、股权期权等多项分红激励方式。

第三节　科技成果转化机制

一、管理体制

部分高校院所建立了校级成果转化统筹机制,科技成果转化领导小组等成立完善了工作机制,加强了学校对科技成果转移转化的领导,明确和细化了科技成果转移转化管理与服务工作中各部门的职责。目前,清华大学、北京理工大学、北京航空航天大学等已专门设立了科技成果转化工作领导小组。

二、投入机制

目前,国家和市级政府层面均对高校院所的科技成果转化工作给予了财政经费支持,从科研立项上引导高校院所重视科技成果转化工作;高校院所自身也不断加大科技成果转化工作运营资金投入的力度,确保成果转化水平和质量。

三、激励机制

为激发科研人员和科技成果转化机构的创造积极性,高校院所通过各类绩效考核、奖励激励、利益分配等制度的制定,不断建立健全科技成果转化的激励机制。高校院所通过从具体实施和操作上制定有关利益分配的规章制度,使得在科技成果转化中的利益分配问题更加明确化、具体化。

四、评价机制

在科技成果转化新"三部曲"的指引下,高校院所从成果本身和成果转化人才两方面不断健全和完善相应评价体系,更高质量地推进成果转化工作。科技成果评价是科技成果转移转化的重要环节,专业投资评价机构对科技成果的科学价值、技术价值、经济价值、社会价值进行客观、公正的评价，有利于科技成果获得市场和合作方的认可，更有利于技术交易的顺利进行，政府也把专业的评价结果作为财政科技经费支持的重要依据。在建立科技从业人员评价体系时，应从先进性、适用性、经济性以及创新性的层面上对科技成果进行客观反映，提高高校院所科技成果的转化率。

五、合作交流机制

目前，高校院所重视产学研结合，积极促进驻外研究机构的建设。同时，高校院所也借助产学研间的合作，对科研人员和成果转化团队开展培训和互动交流工作，加快提升他们的成果转化意识和专业服务能力。此外，高校院所也在不断强化院地合作，加快驻外研究机构的建设，开展双创教育和科技成果转移转化工作，以及与大型央企建立战略合作关系，共建研发机构、转移机构、转化服务平台等。

第六章　高新技术成果转化实例分析

2020年6月，科技部印发《关于加快推动国家科技成果转移转化示范区建设发展的通知》。该通知以创新促进科技成果转化机制模式为重点，提出在上海、浙江、深圳等已经开展国家科技成果转移转化示范区建设的地方"探索建设知识产权和科技成果产权交易中心，完善科技成果转化公开交易与监管机制"。

第一节　A区域科技成果转化分析

据不完全统计，2017年广东省高校向企业转移技术成果7 698项、技术成果服务收入13.3亿元；2018年广东省高校向企业转移技术成果6 600项、技术成果服务收入17.52亿元；2019年广东省高校向企业转移技术成果7 617项、技术成果服务收入21.27亿元。2019年，广东省投入研究与开发（R&D）经费位列全国第一，为3 098.49亿元，比上一年增加393.79亿元。2019年广东省GDP达到107 671.07亿，相应的R&D占比2.88%，超过全国R&D经费投入平均值。

2019年广东省经各级科技行政部门登记的技术合同达33 796项，比上一年增长41.23%；技术合同成交额2 272.78亿元，比上一年增长63.9%，总量稳居全国第二。但我们也要看到，粤港澳大湾区科技成果转化在总体上依然处于较低发展水平，亟待进一步促进加强。

2019年，广东省专利申请量80.77万件，比上一年增长1.8%；其中，发明专利申请量20.33万件。广东省专利授权总量52.74万件，比上一年增长10.3%，居全国首位。其中，发明专利授权量5.97万件，比上一年增长12.2%。全年国际专利申请量2.47万件，有效发明专利29.59万件，均居全国首位。

广东省连续多年国际专利申请量全国第一，但一般集中在一些知名的国企或民企。总体而言，广东省的企业普遍具有国际视野，外贸非常活跃，外向型经济特点明显。有一大批具有国际竞争力并拥有海外市场的企业，如华为、格力等。

2018年广东省创建珠三角国家科技成果转移转化示范区。2019年《粤港澳大湾区发展规划纲要》提出共建大数据中心和国际化创新平台,支持粤港澳企业、高校、科研院所共建高水平的协同创新平台,推动科技成果转化。这有利于粤港澳的科技资源、科技优势发挥合力协同效应,推进"广-深-港-澳"科技创新走廊的建设。

广东省有多所知名大学、科研机构和企业,在科技创新、新兴产业、金融等方面具有较强的竞争力。香港有多所世界级大学,有国际化的科研环境。

我们应通过建立产学研协同创新机制,使粤港澳大湾区发挥自身的优势,建设国际科技创新中心,以及建设具有国际竞争力的科技成果转化基地。

世界知识产权组织发布的《2020年全球创新指数》显示,深圳-香港-广州已成为全球第二大创新集群,仅次于东京湾区的东京-横滨创新集群,领先于旧金山湾区的圣何塞-旧金山创新集群。但是粤港澳大湾区的科技成果转化能力、国际化水平与三大国际一流湾区比较,差距非常明显,与科技创新实力存在明显的不匹配现象。据学者测算,当前粤港澳大湾区与旧金山湾区的高校知识产权转移收入之比为0.23∶1。即使是与京津冀城市群、长三角城市群比较,A区域在此方面也是最弱的。科技成果转化是一个复杂的系统性工程,受到研发主体内部因素、科技成果本身因素、外部需求、区域发展水平、政策环境以及成果转化综合服务等多方面的影响。

第二节 B区域科技成果转化分析

B区域三省一市共有高校425所,地方高校共402所,其中江苏省132所、安徽省108所、浙江省107所、上海市55所。根据2014—2018年教育部发布的《高等学校科技统计资料汇编》中的数据,江苏省、安徽省、浙江省和上海市等B区域地方高校的科技成果投入产出情况分析如下。

一、B区域地方高校科技成果转化投入情况

第一,科技成果应用科技服务人员。2014—2018年的统计数据显示,安徽省地方高校科技成果应用科技服务人员的年均增长率是最高的,达到32.80%。其次是上海市,达到28.87%,江苏省和浙江省则比较接近,分别是17.10%和14.88%。从B三省一市在科技成果应用科技服务人员的增长幅度来看,安徽省>上海市>江苏省>浙江省,可见安徽省在科技服务人员方面的投入力度是很大的。

但是纵观各省市的科技服务人员总量，江苏省遥遥领先于其他三个地区。

第二，科技成果应用参与研究生人数。2014—2018年的统计数据显示，安徽省地方高校科技成果应用参与研究生人数的年均增长率依然是最高的，达到44.58%。其次是上海市，达到11.32%，浙江省和江苏省依然比较接近，分别是8.52%和6.44%。B三省一市在科技成果应用参与研究生人数增长率方面，安徽省＞上海市＞浙江省＞江苏省，可见，安徽省对研究生参与科技成果应用很重视。但纵观各省市参与科技成果应用的研究生总人数，江苏省依然远远超过其他三个地区，这与江苏省的地方高校数量最多，研究生教育发展水平整体较高有直接的关系。

第三，应用研究投入经费。2014—2018年的统计数据显示，安徽省地方高校应用研究投入经费的年均增长率是51.85%，远远高出上海市的17.10%、浙江省的9.91%和江苏省的5.71%。B三省一市在地方高校应用研究投入经费增长率方面，安徽省＞上海市＞浙江省＞江苏省，可见，安徽省政府在应用研究的经费投入方面也很重视。但是从应用研究经费投入总量来看，上海市＞江苏省＞浙江省＞安徽省，这与上海市和江苏省的经济发展水平领先有很大的关系。

总之，B区域三省一市虽然同处于B区域内，但对科技成果转化的投入力度是不一样的。总体来说，随着创新驱动战略的实施，国家和地方财政对高校的科技投入也逐年快速增长，科技成果应用科技服务人员和应用研究拨入经费不断增加，特别是应用研究拨入经费的增长速度很快。以安徽省为例，2014—2018年参与科技成果的服务人数增长了211.01%，参与的研究生人数增长了336.91%，政府对应用研究的投入经费增长了431.71%，可见，安徽省政府近年来对科技成果转化的重视程度很高。科技成果转化的投入力度同时受到各地高等教育水平和经济发展程度的影响，从目前的投入总量来看，依然是上海市和江苏省的投入总量最大。

二、B区域地方高校科技成果转化产出情况

第一，从专利授权数来看，2014—2018年的统计数据显示，江苏省地方高校专利授权数的年均增长率是最高的，达到19.12%，其次是浙江省18.22%，安徽省和上海市比较接近，分别是7.27%和5.82%。可见，B三省一市在专利授权数方面，江苏省＞浙江省＞安徽省＞上海市。

第二，从专利出售数来看，2014—2018年的统计数据显示，浙江省地方高校专利出售数的年均增长率是最高的，达到56.81%，其次是江苏省45.98%，安

徽省和上海市比较接近，分别是 13.84% 和 12.71%。可见，B 三省一市在专利出售增长率方面，浙江省＞江苏省＞安徽省＞上海市。这可能与浙江省的科技成果转化政策"以企业需求为主，加紧产学研协同创新，进而提升科技成果转化活力"等内容有关。但由于江苏省地方高校数量最多，其专利出售总数仍然是三省一市中最高的。

第三，从技术转让合同数来看，2014—2018 年的统计数据显示，浙江省地方高校技术转让合同数的年均增长率是 32.22%，高出江苏省的 23.96% 和上海市的 5.90%，而安徽省则出现了下降趋势，年均下降率是 11.02%。可见，B 三省一市在技术转让合同增长率方面，浙江省＞江苏省＞上海市＞安徽省。但由于江苏省高校的专利授权数和出售数都是最高的，所以其技术转让合同总数也远高于其他三个地区。

地方高校的专利授权数反映了高校的科技创新产出，地方高校的专利出售数和技术转让合同数反映了高校的科技成果转让情况，地方高校的专利授权数和专利出售数的比例反映了高校的专利转化率。虽然地方高校科技成果创新产出快速增加，但专利出售数量和技术合同转让数量增长很缓慢，成果转化率甚至出现了下降趋势。特别是在 2017 年和 2018 年，江苏省地方高校的专利授权数、出售数与技术转让合同数都出现了下滑趋势。

第三节　C 区域科技成果转化分析

一、C 区域技术市场一体化发展的基础

C 区域三地地域面积 21.6 万平方公里，总人口约 1.12 亿，著名高校数量占全国 25%，拥有全国 60% 以上的两院院士，国家级重点实验室（工程技术研究中心）等平台占全国 30% 以上。2019 年，三地生产总值合计 84 580 亿元，研发经费支出为 3 261.4 亿元，每万常住人口发明专利拥有量达到 30.8 件，技术市场成交额达 11 254.6 亿元，约占全国技术市场成交总额的 1/3，比 2018 年增长 12.9%。

2019 年，河北省吸纳京津技术合同成交额 229 亿元，同比增长 12.3%；河北省吸纳京津技术占技术吸纳总额比重为 39.2%。2015—2019 年，河北省吸纳技术合同成交额占北京输出的比重由 2.9% 上升至 7.5%，京津冀技术市场一体化正加速发展。

二、C 区域技术市场一体化发展的优势

一是重大国家战略的深入实施为 C 区域技术市场一体化提供了政策机遇。"十三五"以来，河北省借力雄安新区规划建设、京津冀协同发展和北京冬奥筹办等重大国家战略，围绕以科技创新引领高质量发展，建设了石保廊全面创新改革试验区、河北·京南国家科技成果转移转化示范区和科技冬奥智慧崇礼等科技成果转化载体，着力吸纳承接北京重点高校、科研院所、高新技术企业等，推动京津冀技术市场一体化向纵深发展。2013—2018 年，京津冀协同创新指数从 16.18 增长到 80.99，增长了 4 倍多；三地合作专利数量从 5 819 件上升为 8 673 件，增长了 49%。

二是河北省科技成果展示交易中心为 C 区域技术市场一体化提供了重大平台。河北省科技成果展示交易中心建筑面积 1.2 万平方米，于 2019 年 9 月 26 日投入试运营。河北省科技成果展示交易中心采取市场化运营机制，能够提供科技成果展示、路演、技术评估、供需配对、交割结算、法律和税收咨询等全链条、高质量服务。同时，为推动技术交易规范化、系统化、公开化，其开发建设了线上综合服务系统，并实现了与中国技术交易所、天津北方技术交易市场数据资源互联互通，为构建"覆盖全省、联通京津"的创新要素交易市场和成果转化服务平台提供了有力支撑。

三是 C 区域之间具有技术转移的梯度差异。2019 年，北京、天津、河北三地 R&D 经费支出分别为 2 233.6 亿元、463.0 亿元和 566.7 亿元，北京是河北的 3.94 倍；R&D 经费投入强度分别为 6.31、3.28 和 1.61，北京是河北的 3.91 倍。北京作为首都，集聚了中国科学院、清华大学、北京大学等顶尖科研院所和高校，以及中关村科学城、怀柔科学城、未来科学城等一批创新平台，具有较强的基础研究和原始创新能力，造就了全国一流的技术优势。天津作为四大直辖市之一，围绕"一基地三区"功能定位，在航空航天、装备制造、石油化工、汽车工业领域具有较强的产业创新能力。虽然河北创新能力较弱，但形成了以钢铁、石化、食品、医药、新能源、纺织服装等为主导产业涵盖 40 个工业行业大类的较为完备的产业体系，具有后发优势与技术承接潜力。科技创新能力的梯度差异为推动形成优势互补、互利共赢的一体化技术市场奠定了良好的基础。

第七章 高新技术产业发展存在的问题

从目前国家创新体系整体发挥的功能来看，科技成果在供需之间的转化率较低。现实中政府对高校和科研机构的研发支持投入占主导地位，而高校和科研院所的研究重点依然聚焦于论文发表与专利申请，较少针对企业的技术需求，企业技术的现实需求很难从高校和研发机构得到满足。国家创新体系缺乏对国家科技成果转化所需要的科技成果供求双方协同推进创新网络结构的整体设计，致使技术成果在供求方之间转化受阻。

第一节 高新技术产业发展存在的问题简述

第一，国家创新体系尚不完备，科技成果转化机制相对滞后。我国科技成果转化实施主体，包括企业、高校、科研机构、技术市场、中介组织等，尚不能在组织战略导向、组织结构、组织文化、组织地理位置等方面实现最佳匹配是影响科技成果转化的关键因素。当前，针对不同主体的科技成果转化相关制度安排未能很好激励科技成果供需之间展开合作。为了保障科技成果转化的有序进行，各地在税收优惠、技术市场的运行、创新孵化器的建立等方面都制定有相关的政策，对企业、高校和科研院所在产学研合作、新技术合作研发、开放式创新网络建立，以及合作过程中的技术转移等也有相应规定，对各种中介组织在科技成果定价和创新成果测度等方面也有相关的规范化方法。但就全国来看，各地不同层次、不同政策之间存在相互矛盾和冲突的地方，缺乏相对统一的标准和评价体系。随着我国创新驱动发展战略的实施，这些政策工具结构不均衡、不协调的问题日益显现，我们缺少内涵式的驱动科技成果转化与创新环境营造的政策。

科技成果转化效率不高的原因，还在于技术市场实际运行中的价格机制，人们往往忽视了技术商品所具有的高度信息不对称性与产出不确定性特征；在于短期的政策工具并没有从科技成果转化的机理上寻求问题的症结并提供系统的解决方案，导致政策实施结果与预期有较大差距。此外，学术界对于科技成果转化问题的认识和建议也限于产学研结合、加强研发投入、保护知识产权等操作性薄弱、缺乏平衡力的温和对策，没有一个总体的、系统的顶层设计。

第二，技术交易缺乏规范，统一技术市场尚未形成。我国科技成果转化的监管目前主要由地方政府来完成，而各地政府的具体法规不尽相同，技术交易过程中的法律法规与政策服务不完善，缺乏全国统一的规范合理的科技成果评估机制、定价机制，这样就无法保障技术交易各方的利益，也就很难追究在技术交易过程中发生合同条款缺陷或违约等情况时的责任人，这种技术交易存在的不规范行为势必使技术交易方心存顾虑，无法实现技术成果转移的应有效果。中介服务体系是技术市场的重要组成部分，然而目前的中介服务机构普遍规模较小、功能单一、服务类别不规范，在跨区域技术交易方面发挥的作用非常有限，无法实现科技资源在全国范围内有效配置的功能。随着信息技术的发展，各类全国性的技术交易平台的作用日益显现，但目前其尚局限于信息的集散和信息沟通咨询层面，主动链接匹配科技成果需求方和供应方的功能有待开发和强化。因此，人们需要构建全国统一高效的技术市场，搭建畅通的信息与交易平台，只有这样才能实现科技成果、技术信息、技术专家和企业的精准对接。

第三，转化科技成果缺乏创新，政策激励未能发挥真正作用。科技创业是科技成果转化的主要形式之一，但我国目前环境下，众多高校和科研院所的研究人员，在取得研究成果后更多的做法就是发表论文和申请专利，真正实现成果转化的只是少部分，更多的处于"闲置"状态。而通过许可或作为合作条件转让第三方使用的科研成果主要是一般性的成熟技术，更多是用于产品更新换代开拓市场，无益于关键核心技术突破。以专利形式呈现的研究成果是技术交易市场的主要技术商品，多年来普遍存在创新少、质量低的现象。为什么国家一系列促进科技创新成果转化的制度设计仅带来科研成果数量的增加，却没有同样激励企业、高校和科研单位的创新努力和创新水平的实质性提高？为了保障科技创新活动有序进行，中央和地方政府在高新技术创新税收优惠、技术合作研发、促进技术成果交易等方面都制定了相应的政策，但中央、地方、区域间的政策缺乏协调性，致使政策的实际效果不佳。例如，各地都实施了企业研发补贴的做法，却忽视了其能否发挥激励创新的作用还高度依赖于企业内在的创新需求与外部的环境。研发补贴政策的本质应该是引导和影响企业的自主研发投入和高质量专利开发行为，驱动企业本能创新力的迸发，若仅仅是作为企业研发投入的一个补充部分，这一政策的激励效应自然就会减弱，甚至不存在激励效应，现实中的政策效果恰是如此。

第四，科教体制改革任重道远，知识产权保护亟待完善。目前我国普遍实行的科研管理体制、教育体制和激励机制，不利于我国科学研究事业的发展，有悖于科技创新规律，这是我国科技创新"从0到1"应用转换之路为何如此艰难的根本原因所在。科技创新成果的产生往往是数年如一日、持之以恒坚持不懈、多学科交叉协同创新的结果。传统的学科壁垒、明晰的科研组织边界不适应现代科技发展的大科学特征要求，这就需要重塑现行的科研管理体制与教育体制，鼓励不同领域、不同学科科研项目之间的联合与跨界研究。我们要培育科研人员的科学精神与创新精神，改变普遍存在的追求论文发表与专利申请、忙于项目立项、只注重数量指标等现象。学校教学中，要改变过往灌输式、模板式的教学方法，从知识生产的源头上把培养学生的创新思维、独立思考能力以及学术研究上的批判精神放在突出位置。与之相适应，我们还必须建立完善的知识产权保护制度。科技成果转化过程中的知识产权问题主要涉及知识产权归属和知识产权保护两个方面。我国近些年在这两个方面做出了很大的努力，但仍存在知识产权保护不力的问题，影响到高校、科研机构和企业之间科技成果的转化。真正有价值的知识产权高校和科研机构更倾向于自己设立公司进行转化，这样做的结果是降低了科技成果转化的效率和效益，延长了技术成果转化的进程，制约着企业作为创新主体的科技成果转移转化的创新体系的完善。

第二节 科技成果转化大环境问题

科技成果转移转化是一个复杂的生态系统，需要解决四个问题：一是"有的转"，是源头问题；二是"有权转"，是权益问题；三是"愿意转"，是动力问题；四是"转得顺"，是体制机制问题。

一、"有的转"的突出问题是质量不高

"有的转"，不仅是数量问题，更重要的是质量问题。科技成果质量不高，是当前制约我国科技成果转移转化的一个根源性问题。自2008年起实施国家知识产权战略，我国专利数量持续增长，但是高校科研院所专利转化率却普遍比较低。转移转化意识不强，使得大部分成果与企业的现实需求不匹配。《2019年中国专利调查报告》数据显示，高校和科研单位专利运用水平较低。高校和科研单位有效专利实施率分别为13.8%和38.0%，产业化率分别为3.7%和18.3%。

未实施专利中相当大的比例是出于完成专利评审或考核、获得奖励等目的，高校两项占比分别为56.3%和41.6%，科研单位两项占比分别为48.6%和42.1%，这表明高校和科研单位专利布局受政策因素影响偏高。

二、"有权转"和"愿意转"的政策安排日趋完善

"有权转"和"愿意转"，目前得到了比较好的解决。近年来，国家和地方陆续出台的法律、法规、改革方案等都对转化的权利和收益分配做出了很好安排。权力下放力度大，创新团队收益分享比例大。按照《中华人民共和国促进科技成果转化法》的规定，科技人员在转让或许可净收入中的收益分享不得低于50%。当前很多地方制定的转化条例中规定的比例都高于50%，50%已经成为下限。武汉市规定转化收益归成果完成人和为科技成果转化做出重要贡献的人员的比例不低于70%；南京市则规定60%至95%的收益比例划归参与研发的科技人员及其团队；有的大学除了明确转让科技成果收入的90%可以归个人所有之外，同时还对负责技术转移转化的人员和机构有一定比例的奖励。北京市出台的条例明确规定可以将职务科技成果的知识产权100%让渡给成果完成人，同时为了避免科技成果转化错失良机，在不改变权属的前提下，赋予科研人员一定条件下的自主实施转化权。

三、"转得顺"目前还存在一些显性或隐性的弱点、堵点和痛点

科研一线科学家和高端技术人才擅长学术研究和技术开发，而在如何将其科研成果推向市场、实现产业化，尤其是如何找准市场需求方的痛点方面，就不一定擅长了。专业的转移转化平台更清楚技术的"市场性"，更善于把科技成果与市场对接，运用市场的力量，推动构建产业化的新机制和新生态，把技术链和产业链、价值链、资本链有机结合起来，最终把好技术变成好产品和好产业。

（一）技术转移人才队伍和机构能力弱

科技部科技评估中心发布的《中国科技成果转化2019年度报告（高等院校与科研院所篇）》显示，高校在专利转移转化中遇到的主要障碍除了技术水平之外，排在第二位的就是"缺乏技术转移的专业队伍"，占比为55.5%。科研单位在专利转移转化中遇到的主要障碍"缺乏技术转移的专业队伍"和"专利技术产业化经费支撑不足"分别排在第一位和第二位，占比分别为50.3%和42.8%。我

国高校院所中大约只有20%左右的设立了技术转移机构，而其中只有不到一半的能够发挥重要作用。

（二）知识产权服务能力较为薄弱

《2019中国专利调查报告》的调查数据显示，我国高校与科研院所建立了知识产权专职管理机构的比例分别为17.6%和9.5%；建立了兼职管理机构的比例分别为38.3%和55.8%；尚未建立管理机构的比例分别为44.0%和34.7%。知识产权是科技成果的产权载体，专利的申请过程比较复杂，科研人员并不具备这一方面的优势，因此，能够提供优质知识产权服务的中介机构就十分重要。以山东理工大学毕玉遂的技术研发为例。该技术很好，但在申请专利的同时要能够更好地保护专利，这样就对专利管理机构的水平提出了很高要求。后来由山东理工大学出面将有关情况汇报给国务院，国务院派出专家组调研之后，由国家知识产权局派出专利导航项目工作组到学校进行实地指导后，才推动了专利申请、布局和保护。

（三）科技成果定价难

限于未来的不确定性和科技成果的独特属性，科技成果转移转化价值通过资产评估很难确定。因此，国家将职务科技成果转移转让是否需要评估的权力已经下放给了高校和科研院所。按照2019年3月财政部修改后的《事业单位国有资产管理暂行办法》的规定，职务科技成果在转让和作价入股时不再强制要求第三方评估，将决定是否需要评估的权力下放给高校和科研院所。国家设立的研究开发机构、高等院校将其持有的科技成果转让、许可或者作价投资给国有全资企业的，明确可以不进行资产评估；转让、许可或者作价投资给非国有全资企业的，由单位自主决定是否进行资产评估。但在实际操作层面，很多情况下他们还是选择了通过评估定价。一是由于放权后增加了追责条款，因此转移转化科技成果时人们更谨慎。一个成果市场主体企业愿意出500万元，但如果有关部门认为这个成果至少值5000万元，那就有国有资产流失的嫌疑。所以多数情况下国有科技成果转移转化时依然会进行资产评估，资产评估结果是许可或转让时定价的依据。二是在实操层面，在作价入股成立公司注册时，一些地区的工商部门对非货币财产出资依然要求提供资产评估报告。

（四）企业技术吸收能力弱

企业是技术转化的最大和最重要的主体，企业的技术需求是科技成果转移转化的拉动力。成果转移转化不仅仅需要好的、市场需求的高质量的技术成果，更为关键的是企业要有比较强大的技术消化和吸收能力。目前我国大中小企业在消化吸收方面仍存在一些问题。中小企业应该是技术转化的主体，但它们多数缺乏技术创新和转化的条件，单打独斗式创新活动比较多，分工合作的网络式、开放式创新活动较少，对成果的转移转化"有心无力"；国有企业自身科技研发条件好、能力较强，但因为考虑科技投入风险大、见效慢，一般只对现有的生产进行研发，一些科技含量高、市场潜力大但短期之内不能见到成效的成果难以在企业转化和推广应用，从而导致它们主动适应市场需求的原创性或突破性创新远远不足，迭代式创新能力缺乏。创新型国家的科技成果转移转化率之所以比较高，很重要的原因是企业对技术的强劲需求以及自身强有力的消化吸收和研发能力。例如，在德国，工业企业的创新意识强，创新型企业占比高，处于世界领先地位。企业采用新技术的积极性和主动性高。有创新活动的企业占比高达70%，远远高于欧盟50%左右的平均水平。因此，要提升我国科技成果转化成效，还需要强化作为成果转化主体的企业的创新动力和能力，制定人才机制和战略规划，将更多的创新资源向企业集聚，提升企业吸纳和转化高校科研院所科技成果的能力，借助转移转化平台，打通供需通道，形成良性互动循环。

此外，我们还面临科技成果转化金融支持不充分、人才评价机制不健全等问题。目前我国还缺少科技成果评价标准，成果评价的权威性难以界定，科技成果转化政策落实、咨询体系待完善。

第三节　科研机构和高校科技成果转化面临的问题

随着经济社会的不断发展，科学技术水平在不断发展，我国科技经费投入不断增长，已经是仅次美国的世界第二大科技经费投入国，但是我国对于科技资源的利用率和配置水平偏低，从而导致有许多科技成果未得到有效的转化，其中的突出问题就是当前的科研项目无法实现与市场的充分对接。在经济发展历程中，科学技术对其有着支撑引领作用，其关键在于科学技术是否可以在社会中得以充分运用，可否产业化发展。科学研究不仅要追求真理与知识，还需要推动经济社会的发展。因此，当前高校要培养学生的创新精神，要使学生追寻科技知识，并且高校要加强对科技成果的转化，从而促进经济社会的发展。

一、缺乏对科技成果转化评价机制的重视

在当下，高校缺乏对科技成果转化评价机制的重视，致使大部分评价指标过于简单，缺乏先进的思想观念，并且研究人员过于重视在一流刊物上发表的论文数量以及获得的奖励等，从而造成大部分高校科技成果产出量很高，但是其利用率很低，无法对经济社会的发展起推动作用。在绝大多数高校的科技评价体系中，将科技成果所获得奖项，科研人员在相关刊物上论文发表数、所持有专利以及所拥有科研项目的级别等作为考核的硬性指标，从而对科技成果的转化以及科技成果产业化造成不良影响，削减了科研人员进行科技成果转化的热情。我们应将科技成果的应用性发挥出来，这样才可以真正体现其价值。所以，高校必须重视科技成果转化，若只产出不应用，会造成严重的资源浪费。

二、企业吸收技术能力不足

随着经济社会的不断发展，我国市场竞争态势不断加剧，致使企业必须要加强自身科学技术的先进性，这样才可以保障其在市场中的竞争力。近年来，部分企业已经不断加大与高校间的合作力度，积极吸收高校先进技术成果，但是高校大多无法提供企业可以直接运用的成熟技术，在成果转化中企业往往会遇见新的技术难题得不到解决，企业必须具有高水平、高素质的科技人才以及完备的研发设施。因此，大部分企业难以具有将科技成果进行转化的能力，企业无法吸收高校科技成果，从而导致资源浪费。

三、政策制度方面存在漏洞

首先，我国相关法律未对高校科研部门与企业的性质进行区分。高校是非营利机构，其资金来源、研究目的等与企业有着巨大差异，企业资金往往是自有资金以及收益等营利性质资金，企业资金利用的目的就是提高企业自身竞争力、获取更高经济效益以及促进企业发展。高校的资金大部分来自国家财政拨款，其研究目的大多是对某领域进行技术突破，进而提高国家科技水平，推动社会进步。企业科技成果转化服务于企业自身，使其获取更高经济效益，高校科技成果转化服务于社会，促进社会发展。其次，僵化规定未考虑实践的复杂性。高校在与企业签署技术转让类协议时必须要对自身资产进行评估，但目前我国专利以及非专利技术的总体价格偏低，资产评估价格偏高，进而可能发生收入低于花费的状况。

四、知识产权管理运作机制存在缺陷

我国大部分高校都会设立知识产权管理部门，但是大多是科技处的下属部门，它们并不是单独存在的，并且也没有学校设立专门的科技成果转化机构，这会影响成果的转化效率。同时，高校还缺乏相应的激励机制，部分科研人员的课题是为了应付课题任务以及评定职称，他们缺乏对其足够的重视，很少会对其进行后续的维护工作，从而导致科研成果无法得以应用，造成资源浪费。

第八章 提升高新技术转化的对策建议

通过以上章节的分析,我们逐步明确了我国高新区的新技术成果转化能力差距现状以及产生差距的原因,针对以上提出的问题,我们有针对性地提出了几点对策建议,以期达到提升我国高新区新技术成果转化能力的目标,实现我国新技术成果转化能力的全面均衡发展。

第一节 尽快完善配套支持政策

建议完善创新成果转化、知识保护、技术转移等相关配套制度,鼓励科研院所建立科研分配激励制度,探索建立相应的人才考核机制,制定创新成果转化企业税收扶持政策,鼓励进行如关键共性技术、前沿性引导技术和颠覆性技术等高新研发技术的专项人才培养,鼓励建立咨询服务机构用于服务体系分支模块内部协调管理和外部社会组织的协调合作,为创新科研人员减少后顾之忧,促使创新研发成果的早日实现。

新制度经济学的观点认为,制度不仅是促进经济增长的重要因素,在某种程度上而言,制度领域的变革与优化还是推动经济增长的决定性因素。尤其是在经济系统面临着越来越复杂的环境情形下,通过制度的优化和变革降低系统中的风险性就显得尤为重要。

一、注重"雪中送炭"

按照我国目前的科研项目申报规则,"无中生有"的开创性技术创新项目很可能处于不利地位。因为是开创性的,所以项目论证中很难有很好的前期研究成果、研究基础和理论根基,项目往往很难获得经费资助。我们的很多经费是锦上添花的,而不是雪中送炭的。越是取得过经费支持的、获过奖的、有明确市场前景的，越容易得到更多支持。毕玉遂教授的化学发泡剂项目就是如此，在最需要资金和支持的攻关时期并没有得到过太多关注，反而是专利转让获得资金之后得到了众多关注，而团队这时已过了最渴求资金支持的阶段。众多"卡脖子"关键核心技术背后的理论突破和基础研究，更加需要雪中送炭，而不是锦上添花。在这个方面，政府作用的发挥至关重要。补短板、强弱项，公共财政资金支持前移、引导更多的社会资金支持科技创新是政府职责所在。政府应加大对基础原创性研究的支持力度，创新支持方式，培育高水平研发公共平台，支持中试熟化平台建设，发挥政策合力，提高创新政策、产业政策、财税政策以及外贸政策之间的融合性、协同性等。

二、优化政策监管

我们应弱化对职务科技成果定价的监管，强化对转化速度和转化后效益的考核。作为特殊无形资产的科技成果，其价值具有很大的不确定性，只有进入市场之后才能实现自身价值。产业化既可能转化成功，也可能转化失败，存在很大的不确定性，依靠资产评估是评估不出来的，需要靠供需双方的讨价还价。既然这样，就应该充分发挥市场机制的作用，根据专利等科技成果的特点，交给市场去判定价值。无形资产增值保值的非管理因素较多，按有形资产管理模式来管理科技成果类无形资产并不科学。业界希望区别于对有形的国有资产的管理，专门为科技成果类的无形资产出台专门的国有资产管理办法，弱化对转化价格的监管，强化对转化速度和效率的考核，将科技成果转化增加的就业和税收纳入保值增值考核中。

三、侧重赋权与体制改革

赋予科研人员职务科技成果所有权或长期使用权的意义重大，可以很好地激发科研人员科技成果转移转化的动力。但实践中存在的分歧，应引起相关部门的关注和重视。一些专家认为，目前在推动科技成果转移转化方面，国家政策支持和激励力度已经足够大了，正如《中华人民共和国促进科技成果转化法》规定的那样，无论转让许可获得现金还是作价入股，科研人员都会获得不低于转化净收益 50% 的激励，也就没有必要再让他们变成专利的权利人。而当前制约我国科技成果转化的根本原因是科技成果供需双方的不匹配，即技术供给方和技术需求方不能有效衔接。显然，这不是赋予科研人员成果所有权或者长期使用权就能解决的问题。如果把一个专利的权利人变成两方或者多方，实际上增加了管理难度和交易成本，提高了企业与高校科研院所开展产学研合作的复杂度，反倒会影响科技成果的转移转化效率。因此，当务之急的改革是解决大学、科研院所、新型研发机构、政府等各类主体的错位、越位和缺位问题，区分研究型大学和应用型大学，提高科技成果质量；深化科研院所分类改革，明确其战略定位；在充分发挥市场在资源配置中的决定性作用的同时，更好地发挥政府的作用，按照经济规律和市场规律进行战略谋划、提供资金和服务，落实好的政策，营造好的环境。

第二节 加大政府补贴，鼓励社会资金引入

一、加大经费的投入

在高新创新研发体系中分支模块建立的初期是没有收益的，考虑日后的经济和社会效益，这时需要加大政府财政资金的投入力度，可以采取设立专项基金、开展政策性贷款和贷款贴息等方式，也可以鼓励社会外部资金的引入，包括股票融资、融资租赁或海外融资等方式；在资金使用过程中，要明确经费支出范围，在创新技术成果利益分配上，应提高对科研人员收益分红的比例，从而提高科研人员的积极性，保障高新技术创新研发体系的稳定性。

企业的新技术成果转化是以雄厚的资金支持为基础的，而我国大多数企业的规模偏小，效益低，尤其是中西部地区的中小型技术型企业，他们的成果转化之路更是举步维艰。资金短缺问题严重地阻碍了中西部省份企业的技术成果转化活动的进行，非常不利于提高企业在国内市场的竞争力。为了尽快改变这种状况，提高我国中西部省份企业的技术成果转化能力，增强其市场竞争力，就必须加大对中西部地区企业科技创新经费投入的力度。我们建议政府在中西部地区建立以外部企业投资为主、政府投资为辅的技术成果转化投资格局，完善以政府资金为引导、企业投入为基础、风险投资为补充、银行贷款为保证的技术成果转化资金支持与保障体系。尽量排除中西部地区中小企业进行技术成果转化的后顾之忧，逐步提高其技术成果转化能力。

二、强化创新人才管理

人才的流动从来都是伴随着经济的强与弱,经济越强大,对人才的吸引力越大,而经济较弱的地区,要想聚集人才相对来说几乎是不可能的。而现今经济全球化的重要特点是竞争的全球化。竞争全球化的实质是人才竞争的全球化,人才竞争全球化的核心是创新人才、高层次科技人才、优秀管理人才的竞争。

在我国,拥有技术创新能力的人才大多选择前往经济发展水平较高的国内省份或发达国家的大中型企业发展,对于在技术成果转化过程中存在较多困难的中西部省份的中小型企业来说,人才流失的问题俨然已经成为其技术成果转化发展的重要制约因素。因此,针对这种问题,中西部地区要建立起长期稳定的人才激励政策,吸引更多的高层次人才。但是中西部地区受其经济发展现状的制约,要求每个企业都采用高薪留住人才是不现实的。广大中西部地区的企业不必拘泥于非要留住人才本人,而是应注重"留智"。地方政府应结合西部地区自身的特点,大力推进人才制度的创新,实现优势资源与优势智力的有效结合;要打破户籍管理制度、行政隶属关系、不同所有制关系等传统制度对人才的束缚,充分实现人才与资源等生产资料的跨地区、跨企业的优化组合。这样就要求企业在管理人才时,注重短期服务,不求所在,但求所用。同时企业可以加大人力资源的开发力度,帮助有潜力的人才实现自己的价值。例如,可以选择企业内部有发展潜力的中层人员到东部经济发达地区的企业进行培训,在行业经验丰富的从业人员指导下,他们可以快速了解行业前沿领域的发展现状和先进技术的发展趋势,以便将所学技术服务于企业。

另外,中小型企业要有针对性地制定人才吸引战略,要制定发现、吸引、培养和保护科技创新人才、高素质管理人才的政策、措施和规划。企业还需在内部建立合理有效的升迁制度和激励机制,在经济发展较快时期,将人才视作实现企业较快发展的中坚力量,在经济衰退期,也不要将人员视为企业的负担,以增加人才的企业归属感。

三、建立企业家和创业者资源库

企业家和创业者资源库的建立是新技术成果转化发展过程中非常重要的一个环节,熊彼特强调,企业家的职能是"创造性的毁灭","企业是生产新的生产要素的经营单位,而企业家是实现生产要素组合的人"。德鲁克认为,企业家精神中最重要的是创新。创新似乎已然成为企业家精神的代名词。他认为不管什么人都可以成为一个企业家，只要他处于创新阶段。这是创新意义上的企业家。企业的新技术成果转化过程，首先需要的就是技术的创新和开发，这是最为基础的部分。我国企业要想在技术成果转化过程中提升自己的技术成果转化能力，最重要的就是要培养具有企业家精神的企业家。

首先，应努力建立起企业内部的企业家培养机制，通过内部激励机制激发企业家并培养其企业家精神。企业内部有效的激励机制主要包括适当的权利激励，即赋予企业家在正常的经营过程中对企业的所有权，如财产分配权；赋予其全面负责企业经营活动的权利，使其拥有对企业剩余价值的一定的索取权，从而实现企业家行为目标与企业目标的一致性，达到激励相容。此外，企业还应建立合理的薪酬体系，提升企业家从事创新工作的动力，将薪酬与绩效挂钩，从物质利益角度促进企业家创新精神的发挥。

其次，建立外部培养机制。精神激励指通过赋予企业家较高的社会地位和社会声望，肯定其价值和贡献，鼓励企业家追求自身价值的最大化，以此来达到激发企业家培养创新精神的目的。为了对企业家进行精神激励，企业管理人员要转变观念，提高认识，认识到培养企业家创新精神对企业进行技术创新的重要性以及对企业经营发展的重要作用，为企业家创新作用的发挥提供思想保障；企业实行制度创新，为企业家创新作用的发挥提供制度保障，从企业内部制度看，国有制企业和非国有制企业都需进行制度创新，明确产权关系，努力提高企业经营者对企业发展的关切度，建立完善的企业法人治理结构，从而推动经营者形成稳定的职位预期和薪酬预期，进而推动企业技术创新活动的开展。企业要努力完善人才的选拔、激励和淘汰机制，为企业家精神的生成发挥机制保障作用，企业应完善企业家的选拔机制，求贤若渴，广纳贤才，同时也要完善内部的人员淘汰机制，遵循优胜劣汰的市场经济基本准则，保持企业内部人才的流动和员工思想的先进性。

第三节　优化外在环境

一、创造良好的政策和法律环境

政府在政策制定时应努力着眼于加大中西部地区企业的技术创新力度，制定出台各项针对中西部地区市场经济环境的优惠政策措施。例如，对企业重大技术研究活动和项目开发进行扶植的直接资助政策；对企业的技术研究与开发以及新产品的生产和销售实施减免税等税收政策和措施，提高企业开发研究的积极性；对有相应科研能力却缺乏资金的企业实施低息或无息贷款等信贷政策，帮助企业进行融资；为促进企业技术成果转化项目的实施而进行一系列的政府购买活动，支持企业的成果转化发展。

政府应完善有利于企业开发新技术和进行技术创新活动的法律体系。如与企业开展技术创新活动相关的法律体系；加大法律宣传的力度与行政执法机关的执法力度，通过法律手段确保企业的技术创新活动得到切实有效的保护，从而提高企业进行技术创新的积极性。

二、完善融资市场体系

技术成果转化必须要有配套的金融市场为其提供广阔的融资渠道。现阶段在我国的绝大多数企业中，缺乏研发资金都是制约企业开展技术创新活动的主要因素，其中尤以中西部地区广大中小型科技创新型企业为甚。位于我国中西部地区的高新技术民营企业，在原本就艰难的融资环境中，加之政策上对其多有限制，它们获得资金的渠道非常有限。因此针对这种不利于中西部广大创新型企业开展创新活动的局面，政府必须从改善中西部地区的融资环境为出发点，为这类企业健康、快速发展提供良好的融资政策，这也是政府经济职能的一部分。为达到这一目标，政府可以采取为企业的技术开发和新产品的前期市场宣传提供资助等直接或间接的方式推动企业的技术研发推广活动。其中我们认为直接资助主要指政府对企业的直接财政支持，而间接方式则是政府采用加大财政投入等方式，通过作用于中西部地区的科研机构和高等院校的技术研发活动，促进企业与上述机构合作，从而促使中西部地区科技创新型企业间接受益。政府应加大相关政策向西部地区倾斜的力度，相关有利于西部发展的政策措施要得到有效落实，使相关政策能切实有效地服务西部地区技术成果的转化。

三、优化创新文化环境

加大企业对技术成果转化的创新投入力度除了以上措施，还应努力优化创新文化环境，形成人人爱创新、人人争创新的局面。

首先，建立以创新为基础的企业文化。企业文化作为企业发展的精神动力，具有促进企业发展的作用。那么，以创新型企业文化的建立为基础而带动企业创新环境的优化，必能起到事半功倍的效果。

其次，一般认为企业环境的优化是一个长期的复杂的过程，企业要做到从自身的实际出发，制定科学合理的环境优化计划。企业需要制定合理的管理方案，在管理中及时发现并总结企业技术创新环境优化过程中存在的问题并予以纠正，从问题的角度出发对企业创新环境不断进行改善，最终确保实现企业创新环境的优化。基于以上考量，对于高新技术企业来说，它们要不断对企业创新环境优化进行管理，提升企业创新环境的管理质量，保证企业的环境优化过程趋于合理化，与企业创新目标一致，以有效管理带动环境优化，推动企业技术创新环境的优化。

再次，企业要制定良好的激励制度。企业可以通过制定激励制度激发广大企业员工的工作热情，通过为员工提供体现其价值的平台促进员工为实现自身价值而努力奋斗。制定合理的激励制度一方面可以避免高新技术企业人才的流失，另一方面更能有效地促进企业员工在培养创新能力方面占据优势。

最后，加大企业对其自身创新环境优化的投入力度。无论是发展方面还是研发计划落实方面，企业都需要一定的资金支持，高新技术企业的创新环境优化更是如此，因此要想促进其创新环境的优化，就应加大资金等经济资源的投入力度，这就是通过一定比例的投入获得相应比例的产出。

第四节 完善落实国家科技成果转化策略

一、加快国家创新体系建设，构建系统协调的科技政策体系

国家创新体系作为一个开放的巨系统，其运行效果取决于内部结构、构成要素和运行规则。国家创新体系的建设要以知识协同实现系统内的要素匹配，以组织协同实现系统的结构优化，以制度协同实现规则统一，以空间协同实现系统内的交互创新。科技成果转化涉及国家创新体系中的众多要素，既包括高校、科研机构、企业、中介服务机构，也包括政府、政策法规、文化等要素，以及这些要素之间的相互联系与互动过程。一个完善的国家创新体系可以保障科技成果高效顺畅地转化，从而提升经济发展的有效性。经济有效性提高可以进一步激励创新

主体加大创新投入力度，参与新一轮原始投入到知识产出，再到经济产出的创新循环当中，实现经济的健康发展。在科技政策体系构建方面，要完善科技成果转化的激励机制、利益分配机制与人才激励机制，要加强政策工具的组合运用，注意政策工具之间的平衡，使其发挥最大限度的互补性作用，及时评价政策工具之间的协同效应，包括区域间的协同、组织间的协同、产业间的协同。

二、建立区域协同创新机制，推进科技成果跨区域转化

现阶段空间距离仍然是我国跨区域科技成果转化的一个制约因素。因此，政府应当为远距离的企业和大学提供良好的科技成果转化的制度环境，如东部地区与西部地区的创新合作及成果转化可以很好地带动西部地区的经济发展。政府应采取措施鼓励跨区域信息共享，促进区域之间在相应的技术领域实现信息互通，缩小技术距离。在进行宏观调控时，政府要充分发挥各地的技术比较优势，突破空间锁定效应，推动在创新活动中科技成果的有序有效转化，通过科技成果转化让优势的科技成果服务优势的产业，以寻求各地创新发展的突破点。不同地区在新兴产业的发展布局上，根据自身的资源禀赋特点合理分配产业的空间资源，有针对性地实施科技成果转移策略，避免新兴产业在区域间的盲目建设。我国各个地区均需要提高协同创新意识，促进内外创新资源的流动，以多样化的合作模式推动协同创新关系的形成与科技成果的转化。

三、构建国家统一技术交易市场体系

技术交易市场不仅仅是提供技术中介服务和开展技术商品经营活动场所的集合，而是全国范围内技术成果流通、技术成果交换关系的总和，包括技术市场主体及其之间的结合方式、技术市场环境和技术市场的运行机制等，是实现科技成果转化的重要平台。政府要统筹设计、协同推进，统一设计信用机制、行为约束机制、中介组织机制、信息共享机制、市场监管机制等，统一维护技术交易市场的运行。政府要发挥自身在技术市场建设中的作用，以建立起全行业的社会声誉，加强技术交易相关配套设施的建设，健全和完善风险资本与证券市场，实现技术市场融资服务功能的创新。科技成果的转化本身就包含技术所有权和使用权的转移，政府可以组建以技术交易为资助对象的风险投资公司，以提供借款担保的形式支持企业等创新主体的技术交易活动。

四、健全知识产权保护制度，明确企业创新主体定位，激发企业内在创新活力

我国应完善知识产权激励机制，健全知识产权公共服务机构及平台，加强知识产权运用与保护机制的建立，提升企业知识产权运用能力，加强行业知识产权服务能力的培养；开展知识产权创造、运用、保护和管理的系统化服务工作，建立并规范社会资本以众筹模式投向科技型、创新型、创业型企业的资本筹集机制，建立以政府资金为引导、民间资本为主体的科技成果转化资本筹集机制和市场化的资本运作机制；综合采用阶段参股、风险补助和投资保障等方式，引导科技成果向初创期科技型企业转化，增强保险服务意识，创新保险产品，支持科技成果转化风险担保等模式的创新；要真正确立企业在国家创新体系中的创新主体地位，使企业成为技术创新决策、研发投入、科研组织和成果转化的主体，使创新成为企业发展的内在需求；鼓励企业走国际化发展道路，开展海内外研发团队、研发机构或科技型企业的并购、合资合作；鼓励企业设立海内外研发机构或与大学、科研机构成立产学研共同体，积极利用全球视野下的科技成果转化服务我国产业发展，支持大型企业进行前瞻性技术布局，制定重点领域的技术发展路线图，设定技术发展目标，开展超前研发和源头创新活动。

五、发挥创新、专利与标准的协同作用

我国要鼓励企业在专利申请上审时度势，把知识产权保护、技术防御、国内申请、国外申请等策略组合运用，将通过专利实施创造价值转变为并重专利许可等科技成果转化价值创新手段，避免企业等创新主体出现专利申请的寻租行为。政府的研发补贴作用是有限的，要防止在鼓励专利申请的资助政策驱使下，企业等创新主体将专利申请异化为获得资金资助的途径。有些地方政府的补贴激励并非不可取，但更重要的是专利费用资助政策过于宽泛而缺乏可操作性，违背了补贴是为了增强企业创新内在动力的初衷。政府要引导企业从技术研发阶段就制定知识产权战略与技术标准战略，通过技术预测把握行业技术发展及技术标准形成方向，鼓励企业利用各种信息渠道分析技术发展中知识产权状况，使企业专利工作、标准化工作与研发同步。政府部门要平衡标准技术权利人的利益和社会公众的公共利益，对技术标准的技术许可进行适度的反垄断审查。

六、构建适宜科技成果转化的制度环境和创新文化氛围

高校科技成果转化率低的主要原因，一是技术成果缺少产品中试和市场前景，二是高校的科研考核机制普遍不重视科技成果转化。因此，高校需要调整科技成果转化激励模式，并重事前与事后激励，不但要重视申请，更要重视转化过程与产业化效果，着力构建产学研协同的螺旋式研发推进机制；通过产学研合作、区域间合作、多方协同互动推进科技创新成果转移；加速完善科技成果转移机制，构建高效的技术转移通道，促进企业之间、企业与大学和科研院所之间的知识流动和技术转移，建立以企业为主体、市场为导向、产学研相结合的技术创新体系。科技成果转化是国家创新资源配置的一个有效机制，需要一个宽松、开放、稳定的环境。我国创新机制当下存在的一个突出问题是，企业、高校、科研院所、政府、中介机构等没有真正形成创新合力。因此，我们要建立具有内在创新动力的现代企业制度，建立新型的创新服务与中介机构制度，在研发行为主体之间建立相应的组织协调机制，以保证行为主体研发目标的一致性，破除科技成果转化过程中的障碍，最大程度释放创新能量，促进高校、科研机构的科技成果、专利向企业转化。创新文化是创新型国家建设的重要组成部分，是一种有利于创新活动与科技成果转化活动有效持续开展的价值观念与行为规范。我们要造就开放的研究环境，鼓励科研人员进行科学上的自由探索，摒弃急功近利、急于求成的浮躁做法，尊重科学研究与技术开发的规律，在全社会形成良好的培养创新精神的文化底蕴。

第五节　提高科研机构和高校科技成果转化能力的对策

一、鼓励科研机构和高校开放实验资源

科研机构和高校应该对实验服务资源加大研究力度，要加强与企业间的配合，采取委托或合作研发的方式合力突破技术难关，与企业合作开设实验室，并加大对重大难关进行研究的力度。高校应加大对于实验室开放课题的支持力度，在自身研究活动正常开展的基础上，应将空闲的实验室或先进设备租借给企业使用。高校应不断加强与企业的联系，必要时可以入股高科技公司，与相应企业建立联合实验室、创新联盟等组织，从而实现高校科技成果产业化，进而对社会发

第八章 提升高新技术转化的对策建议

展起到推动作用。高校应对当前市场形势、技术难关以及新型技术保持高度的关注，应针对当前高新产业、重点支柱产业等领域的核心技术难题采取相应的措施，如校内组建技术研发小组、与企业之间组成联合创新团队等，从而为科技成果转化打下坚实的基础。除此之外，高校科研人员在完成本职工作后可以在科技企业内进行锻炼，与企业开展相应合作，从而使科技成果得以转化，并将其列为科研人员职称评定的考核成绩之一。与此同时，高校应对自身的特色进行把握，聘请企业内高精技术人才在校内参与教学活动，从而使高校学生可以与社会接轨，对当前社会市场行情进行了解，这有利于培养学生的创新意识，对于高校科研进程的发展有着积极的推动作用。

二、对行业需求进行精准定位

科研机构和高校应对当前社会的科学技术水平进行充分了解，要积极与国家、地方政府和企业科研部门合作，争取各种类型的科研项目，从而使技术创新可以精准对接当今世界科技最前沿，满足各领域的重大需求，在实现科研项目与科研经费增长的同时，使科技成果的转化率得到提高。高校还应该积极鼓励科研人员对科研成果积极地申请专利或者与相关企业签订技术转让合同，并且高校和政府还要同时实施激励措施和奖励制度，要加强对技术转让合同的严格审查，要对其进行规范化审批，通过对专利申请机制的不断优化以及对专利代理服务进行不断优化，提高科技研发人员的专利申请热情。相关部门还需要对管理细则以及考核标准进行不断的完善，不断加大审核力度，加强对知识产权的宣传以及对相应人员进行培训，从而使科研人员对知识产权有更为深入的了解，在高校内营造出积极创新科学技术、保护知识产权的优良氛围。

三、对科技转化体系进行完善

科研机构和高校要根据自身科研成果发展进度，设立专门的成果转化或技术转移管理部门，要对该部门进行专门的经费支持，并要设立专业岗位，给予大力的支持，要对本单位的知识产权以及科技成果进行统筹管理，并将科技成果转化工作切实落实下去。与此同时，此部门还需要制定相应的管理办法对无形资产以及成果转化进行管控，要对科研成果处置权以及收益权做出明确规定，要对高校无形资产进行分级管理，尤其是对知识产权、处置权的处理，要使高校具有一定自主处置权。在科技成果转化工作中，高校要明确人事、科研以及财务在其中的作用，要建立完善、科学的科学成果评估储备机制。科研机构和高校要提高对于科研成果转化的重视，要定期对科研成果转化工作落实情况进行检查与评估。除此之外，科研机构和高校应加大对科技成果转化的支持力度。例如，高校教师若离岗去进行科技成果转化工作或进行相应的创业，高校应给予相应的支持，酌情考虑为其保留一定时间的岗位以及职称，当其该项工作失败时依然可以回校就职，或者当此项工作成功时可以自行到高校办理离职。高校此项政策可以最大限度解决相关人员的后顾之忧，从而可以极大提高高校科研人员对科技成果转化工作的热情，进而提高科技成果转化率，促进经济社会发展。

四、对科技人员分配评价体系进行完善

经过长期探索研究，各高校已经形成自身具有一定特色的科技评价机制，其对科研人员的研发积极性以及科技创新性都有着非常重要的作用。但是当下高校的科技评价机制仍然存在诸多问题，具体表现如下：科研机构和高校考核评价指标缺乏客观性、评价方法过于简单、评价结果功利化等问题没有得到切实解决；在对科技成果进行评价时，重视形式忽视内容、重视数量忽视质量、重视短期效益忽视长期收益的现象依然没有改变；缺乏相应的激励机制，无法有效推进科技成果转化工作的开展；高校缺乏对引导科研人才进行科技成果转化的重视；评价机制不健全等问题都会对高校科研工作的开展产生不利的影响。

科研机构和高校应对评价机制进行积极探索，要对科研活动进行充分分析，要针对科研活动的情况创建完善的评价机制，要对人员考核以及职称评定制度进行完善。科研人员要提高对科研成果社会应用的重视程度，注重其应用性以及有用性。高校还需要对科研资金管理体制进行完善，鼓励科研人员将科技成果进行转化并对科学技术进行创新。高校要对自身的学科优势进行充分发挥，要改变以往注重论文数量不注重质量的思想，要鼓励科研人员重视科学研究的质量以及成果。要健全高校科技成果评价体系，就要改变以往的思想以及方式，要对科研人员进行综合性评价，改变其重论文重获奖的观念，从而提高科技成果转变效果，进而推动社会经济发展。高校应设立关于科技成果转化的相应职称评定机制、岗位管理机制、考核评价机制，从而切实把高校科技成果转化融入高校管理考核评价体系之中，加大对其的监督力度，使高校领导责任得到切实落实，使科技成果转化工作与科研人员的职称评定以及薪资待遇直接挂钩，从而提高科研人员对于

科技成果转化的重视程度，切实提高科技成果转化效率。

综上所述，随着我国经济社会的不断发展，我国的科学技术水平在不断提升，高校科技成果产出也在不断增加。但这些科技成果的利用率较低，无法对我国经济社会发展起到积极推动作用，因此，高校应该开放实验资源，加强与企业间的合作，对行业需求进行精准定位，对专利申请的质量进行提升，对科技转化体系进行健全，对高校科技人员分配评价机制进行完善，从而促进高校科技成果转化工作的开展。

参考文献

[1] 王立. 高新技术企业财务管理存在的问题及对策浅析 [J]. 中国乡镇企业会计, 2020（4）：77-78.

[2] 石建敏. 我国高新技术企业发展支持体系研究 [J]. 中小企业管理与科技（上旬刊），2020（4）：103-104.

[3] 尚毛毛, 张鹏飞, 车吉轩. 以高新技术产业发展 助力实施强首府战略 [J]. 广西城镇建设, 2020（3）：40-48.

[4] 杨博旭, 王玉荣, 李兴光, 等. 从分散到协同：高新技术产业创新要素集聚发展路径 [J]. 科技管理研究, 2020, 40（12）：142-149.

[5] 胡中慧, 陶润生, 袁洋. 基于区域视角的科技成果转化绩效评价指标体系研究 [J]. 科技和产业, 2018, 18（1）：57-62.

[6] 麦伟男. 科技成果转化项目绩效评价指标体系探析 [J]. 无线互联科技, 2017（21）：136-138.

[7] 郭林涛. 高新技术企业技术成果转化中的金融创新研究 [J]. 决策探索（下），2019（2）：20-23.

[8] 许东亮. 浅析政府政策在高新技术成果转化中的作用概况 [J]. 科技视界, 2018（32）：138-139.

[9] 许东亮. 产学研角度浅析国家转型期江苏省高新技术成果转化现状 [J]. 科技视界, 2018（31）：119-120.

[10] 戚芸榛. 高新技术成果转化的市场属性研究 [J]. 当代经济, 2018（20）：80-81.

[11] 曹晓丽, 马金芳, 樊伟芳. 高新技术成果转化项目信息共享激励模型研究 [J]. 天津大学学报(社会科学版)，2017, 19（4）：310-314.